CANTÁBRICO

FRANCIA

antander
Laredo
San Sebastián
CANTABRIA
Bilbao
PAÍS VASCO
Pirineos
ANDORRA
Vitoria
Pamplona
ANDORRA LA VELLA
NAVARRA
Jaca
Aneto (3408)
Burgos
Logroño
LA RIOJA
Huesca
CATALUÑA
Palencia
Gerona
EÓN
Soria
Aranda de Duero
Zaragoza
Lérida
Costa
Brava
Ebro
Barcelona
na del Campo
Sistema Ibérico
ARAGÓN
Tarragona
Segovia
Costa Dorada
MADRID
Guadalajara
Cabo de Tortosa
Menorca
Ávila
Alcalá de Henares
Mallorca
MADRID
Teruel
Palma
Manacor
Aranjuez
Castellón de la Plana
a Reina
Toledo
Cuenca
Turia
Valencia
ISLAS BALEARES
Alcazar de San Juan
Ibiza
CASTILLA-LA MANCHA
Júcar
VALENCIA
Ibiza
Albacete
Cabo de San Antonio
Ciudad Real
Formentera
Valdepenas
Alicante
Costa Blanca
Elche
Jaén
Béticos
MURCIA
Murcia
MAR MEDITERRÁNEO
DALUCÍA
Sistemas
Cartagena
Granada
Mulhacén (3482)
ra
Sierra Nevada
Almería
el Sol
Cabo de Gata
ARGELIA

Melilla
S

IDEAL

— edición renovada —

Kazumi Uno
Motoko Hirai
Paula Letelier

Editorial Dogakusha

―――――音声ダウンロード―――――

 がついている箇所は，ネイティブスピーカーによる録音があります．

同学社のホームページよりダウンロードできます．

http://www.dogakusha.co.jp/04391_onsei.html

写真提供： アルゼンチン観光公社，PROMPERU ペルー政府観光庁，Hispania Estudio2，小原京子，喜多浩二，
　　　　　児玉行親，児玉さやか，高野翔，鳥井和昌，西川翔太，古溝理沙，森利佳，森枝雄司，山田哲
表紙・本文イラスト： おくやまゆか
表紙デザイン： アップルボックス

学習者のみなさんへ

　スペイン語を習いたいと思ったのはなぜですか？　スペイン語話者が多いからでしょうか？　それともサッカーや旅行への興味からですか？　本書は，第二外国語でスペイン語を初めて学ぶみなさんが，モチベーションを保ちながら，スペイン語をしっかりと身につけられるように編集しました．

　そこで，3つの大きな特長があります．
- ・解説がわかりやすく，文法の基礎をしっかりと学べる．
- ・コミュニケーション能力を高める内容が充実している．
- ・スペイン語圏の文化を，多角的に解説している．

　全体は，イントロダクションと12課で構成され，2課ごとに「ステップアップ文法」として，復習と発展学習のページを設けています．

　各課のはじめにはダイアローグがあり，重要表現は「キーフレーズ」の置き換え練習で，発音したり書いたりして体得できます．文法解説は必要十分な事項にしぼり，注意すべきポイントを赤字でつかみやすく示しました．また，楽しいイラストで，基本語彙を効果的に覚えられます．

　練習問題には，文法を定着させる豊富な問題に加え，ペアワークやリスニングもあり，耳と口を使ってコミュニケーションの力をつけられます．この部分は，ネイティブ講師に学べればより効果的です．

　スペイン語を話す国は約20ヵ国もあり，その歴史や文化，暮らしぶりの多様性もスペイン語学習の魅力です．本書は，スペインだけでなくラテンアメリカの国々についてもカラー写真を多数載せました．「異文化リテラシー」では，文化や慣習，日本との違いなどを解説し，参考になる書籍の紹介もしました．言葉のきまりだけでなく発想の転換をはかること，相手を知ろうとする気持ちが，語学学習には重要だからです．

　今回改訂にあたっては，さらに学習に役立つよう，以下の点を改善しました．
- ・外国語学習のコツがわかるよう，学習のヒントを巻頭で解説し，語彙力強化の工夫も加えた．
- ・習得内容のさらなる定着を目指して，一部の学習順序を見直した．
- ・各課のリスニング教材に注を加え，より取り組みやすくした．
- ・ヨーロッパ言語共通参照枠A1レベルを意識して，ステップアップ学習ページに「トライ！」を新設．旅行や留学ですぐに役立ち，学習へのモチベーションアップにもつながる実用的教材を加えた．

　英語だけでなくスペイン語を学べば，視野がぐんと広がります．スペイン語学習が，留学や旅行，在日の日系人との交流など，広く世界に目を向けていくきっかけとなればうれしいです．

　2019年　秋

著者一同

スペイン語学習のヒント

[目]

習った文章を，意味を考えながら何度も読もう．
　　　短い時間を活用して，こまめに何度も読むと効果的．
わからない語は，辞書を引いて調べよう．
コラムの基本単語を，イラストとともに何度も見て
覚えよう．

[耳]

教科書を見ながら音声を聞いて，スペイン語の音の
感じをつかもう．
音声を聞いて，聞こえたとおりに言えるまで練習し
よう．
動詞の活用も音声を聞いて，アクセントの特徴をつ
かもう．

単語帳を作ろう

わかる単語がふえると，スペイン語学習が楽しくなります．自分なりの覚え方を探して，知っている
単語をふやしましょう．単語帳をつくって，繰り返し確かめると効果的です．

estudiante	名	学生
universidad	名・女	大学
comer	動	食べる
alto, ta	形	（背が）高い
bien	副	よく，元気で

辞書をひいて，品詞と意味を書こう．
男性名詞か女性名詞かも書く → p. 7
小型のノートがおススメ．
品詞ごとにページを変えてもよい．

教科書に載っていない語でも，見聞きした語はなんでもメモしましょう．単語帳をいつも手元に置いて，
何度も見て，どの語の意味もすぐに言えるようにしましょう．

スペイン語をマスターするには，好奇心を持ち，頭はもちろん，体でおぼえることが大切です．次のヒントを参考に，目や耳や口や手を使って，身につけていきましょう．

[口]

文字を見て，さっと発音できるようになろう．
　　　　　　　発音できると，つづりも覚えやすい．
アクセントやリズムも，まねしよう．
Diálogo やキーフレーズは，すらすら言えるまで発音しよう．

[手]

専用のノートを作って，要点をまとめよう．
教科書の文を書き写そう．
単語帳を作ろう．
何度も書いて，単語の意味とつづりを覚えよう．
　　　　書けたら読めるし，読めたら書ける．そして話せる．

自分なりの学習法を見つけて，わかることをだんだんに増やしましょう．
記憶法を工夫して，単語や動詞の活用はその都度覚えていきましょう．
　　　漢字学習と同じで，繰り返しが大事

スペイン語を使ってみよう
スペイン語圏からの留学生と交流したり，SNS 等で発信したり，スペイン語の映像を見たりしてみましょう．

もくじ　Índice

¡Hola!

アルファベット / 発音 / アクセントのルール / 挨拶

① アルファベット 27 文字　Alfabeto

A a	B b	C c	D d	E e	F f	G g	H h	I i
a	be	ce	de	e	efe	ge	hache	i
J j	**K k**	**L l**	**M m**	**N n**	**Ñ ñ**	**O o**	**P p**	**Q q**
jota	ka	ele	eme	ene	eñe	o	pe	cu
R r	**S s**	**T t**	**U u**	**V v**	**W w**	**X x**	**Y y**	**Z z**
erre	ese	te	u	uve	uve doble	equis	ye	zeta

② 発音　Pronunciación

1）母音　Vocales

日本語の母音と似ていますが，どの音もはっきりと発音します．

a	強母音	Alicia	Antonio
e	強母音	Elena	Leo
i	弱母音	Isabel	Francisco
o	強母音	Olga	Roberto
u	弱母音	Nuria	Luis

2）子音　Consonantes

b　Buenos Aires　Bilbao

c a, o, u の前　Castilla　Cantabria
e, i の前　Barcelona　Valencia

ch　Chile　La Mancha

d Andalucía　Santo Domingo
語末 Madrid　usted

f　Figueras　Santa Fe

g a, o, u の前　Galicia
e, i の前　Argentina
gue, gui で　Guernica　Guinea
　　　　　母音の発音に注意
güe, güi で　Sigüenza

h　Honduras　La Habana
　　　h は発音しない

j　Japón　San Juan

k　Tokio　Kioto

l　Lima　La Plata

ll　Sevilla　Castilla y León

m　Málaga　Medellín

n　Nicaragua　Navarra

ñ　España　mañana

p　Perú　La Paz

q　que, qui で　Quito　qué
　　　　　母音の発音に注意

r Caracas　El Salvador
語頭　Puerto Rico
語中の rr　Monterrey

s	Santiago Santander	x	$\begin{cases} \text{Extremadura próximo} \\ \text{例外 México} \end{cases}$

t	Tegucigalpa Asturias	**y**	yo Paraguay
v	Bolivia Oviedo	**z**	Zaragoza Venezuela
	b と同じ音		にごらない
w	Washington		

🔊 5 **3** **アクセントのルール**   Reglas de acentuación

1) 母音または -n, -s で終わる語は，後ろから 2 つ目の母音にアクセント

   Inglaterra   Carmen   Estados Unidos   Francia   Europa   Corea

   ただし強母音＋弱母音，弱母音＋強母音，弱母音＋弱母音の組み合わせは，1 つの母音として扱います．Francia の ia や，Europa の eu は 1 つの母音．Corea の ea は強母音＋強母音なので 2 つの母音．

2) -n, -s 以外の子音で終わる語は，一番後ろの母音にアクセント

   Madrid   Brasil   Portugal   Ecuador

3) 1, 2 のルールを外れる語には，強く発音する母音にアクセント符号がつきます．

   Japón   María   Los Ángeles   América

🔊 6 **4** **挨拶**   Saludos

¡Hola!	やあ.
¿Qué tal?	調子はどう？
Buenos días.	（昼食まで）おはようございます.
Buenas tardes.	（昼食後，明るいうち）こんにちは.
Buenas noches.	こんばんは. / おやすみなさい.
Adiós.	さようなら.
Hasta luego.	またあとで.
Hasta mañana.	また明日.
Hasta la semana próxima.	また来週.
Encantado. / Encantada.	（初対面の相手に）お会いできてうれしいです.
	男性なら Encantado. 女性なら Encantada.
Mucho gusto.	（初対面の相手に）お会いできてうれしいです.
	男女どちらでも使える
(Muchas) gracias.	（どうも）ありがとう.
De nada.	どういたしまして.

1　Ejercicios y actividades

🔊 7 **1** 強く発音する母音を○で囲んでから，声に出して読みましょう．Marca la vocal acentuada y lee.

Ángel	Juan	Jorge	Miguel	David	Javier	Joaquín
Ángela	Juana	María	Rosa	Cecilia	Concha	Raquel

🔊 8 **2** これらはスペイン語が話されているラテンアメリカの国々です．発音とアクセントを考えながら声に出して読み，地図に国名の数字を書き入れましょう．

Lee los nombres de los países y escribe el número en el mapa.

1) Argentina
10) Honduras

2) Bolivia
11) México

3) Chile
12) Nicaragua

4) Colombia
13) Panamá

5) Costa Rica
14) Paraguay

6) Cuba
15) Perú

7) Ecuador
16) República Dominicana

8) El Salvador
17) Uruguay

9) Guatemala
18) Venezuela

3 会話 次の会話を参考にして名前をたずね，つづりを教えましょう．

Preguntaos siguiendo el modelo.

A: ¿Cómo te llamas?　名前は？

B: Me llamo Shinji.　シンジです．

A: ¿Cómo se escribe?　どう書くのですか？

B: Ese, hache, i, ene, jota, i.（1字ずつアルファベットで言います）

🔊 9 **4** リスニング 音声を聞いて，アルファベットを書き取りましょう．

Escucha la audición y escribe.

1) ___ ___ ___　　　2) ___ ___　　　3) ___ ___

4) ___ ___ ___　　　5) ___ ___ ___

異文化リテラシー 「レアル」と「バルサ」

　レアル・マドリードとバルセロナは，スペインのサッカーリーグ，リーガ・エスパニョーラ Liga española の人気チームですが，この名前をスペイン語で発音するとどうなるでしょうか.

　「レアル」Real は，語末が子音字なので，レではなく，最後の音節アにアクセントがつきます. また，「マドリード」Madrid は，マではなくリーを強く読み，語尾の -d はほとんど聞こえず，マドリー，あるいは，マドリッのような音になります.「バルセロナ」Barcelona は，後ろから二つ目の音節ロにアクセントがあるので，バルセローナと書いたほうがもとの音に近くなります.

　「セビージャ」Sevilla の lla の音は，地域や人によって差があり，日本人の耳には「リャ」とも「ジャ」とも「ヤ」とも聞こえます. そこで，同じ地名なのに「セビーリャ」「セビリヤ」など，日本の雑誌や新聞では，いくつもの書き方が使われています.

　日本語とスペイン語の違いを意識して，スペイン語の文字の読み方とアクセントの位置をしっかりと覚えましょう.

レアル・マドリードのサンティアゴ・ベルナベウスタジアム

FC バルセロナのカンプ・ノウスタジアム

マドリードの地下鉄入口

アトレティコ・マドリードの試合風景

ミニ読書案内　📖『情熱でたどるスペイン史』（池上俊一 著／岩波ジュニア新書）　📖『バルセロナのガウディ建築案内』（丹下敏明 著／平凡社）

¿De dónde eres?

主語代名詞 / 動詞 ser ① / 名詞

10

— Diálogo 1 —

Moe: ¡Hola! Buenos días. Soy Moe. ¿Y tú?

Jaime: Soy Jaime.

Moe: **¿Eres estudiante** de esta universidad?

Jaime: **Sí**. ¿Y tú?

Moe: Yo también. **¿De dónde eres?**

Jaime: **Soy de España**. ¿Eres japonesa?

Moe: Sí, soy japonesa, de Shizuoka.

キーフレーズ 1

¿De dónde eres? きみはどこ出身？

Soy de <u>España</u>. 僕はスペイン出身だよ.

★「どこの出身？」とたずね，下線部に出身の都道府県や都市名を入れて答えましょう.

キーフレーズ 2

¿Eres <u>estudiante</u>? きみは学生？

　　　職業を表す語句の前に冠詞は不要

Sí. そうだよ. 「いいえ」は **No.**

★ 下線部を下記の語にかえて職業をたずね，**Sí.** か **No.** で答えましょう.

camarero　　　profesor　　　médico　　　futbolista　　　periodista　　　policía
camarera　　　profesora　　　médica

1 Gramática

1 主語代名詞 El pronombre personal sujeto

	単数	複数
1人称	**yo** 私は	**nosotros / nosotras** 私たちは
2人称	**tú** きみは	**vosotros / vosotras** 君たちは
3人称	**él** 彼は **ella** 彼女は **usted** あなたは	**ellos** 彼らは **ellas** 彼女らは **ustedes** あなたがたは

usted, ustedes は，意味はていねいな2人称だが，活用は3人称

2 動詞 ser ① El verbo SER ①

	単数		複数	
1人称	yo	soy	nosotros / nosotras	somos
2人称	tú	eres	vosotros / vosotras	sois
3人称	él, ella, usted	es	ellos, ellas, ustedes	son

スペイン語の動詞は，主語に応じてこのように6通りに活用する
動詞の活用を見れば主語がわかる場合は，主語を省略することが多い

用法1 〈ser＋de 場所〉で，出身地を表します．

¿Sois de Kioto? — Sí, somos de Kioto.

用法2 名前や職業や国籍などを表します．

Ella es Carmen.

Moe y Jaime son estudiantes.

Él no es italiano. Es argentino.

3 名詞 Los sustantivos

名詞の性: スペイン語の名詞には男性名詞と女性名詞があります．

　男性名詞: amigo chico hombre perro libro　cuaderno ordenador

　女性名詞: amiga chica mujer　perra lengua mesa　clase

　　男性は語尾が -o, 女性は -a　　オスは -o, メスは -a　　男性か女性かがわからないときは辞書
　　　　　　　　　　　　　　　　　　　　　　　　　　　　で調べる → 見分け方のコツ p.14

名詞の数: 母音で終わる語は -s，子音で終わる語は -es をつけて複数形を作ります．

　単数形: casa edificio ciudad　reloj　japonés　examen　vez

　複数形: casas edificios ciudades　relojes japoneses exámenes　veces

　　複数形にする場合，アクセントに注意が必要な語もある　-z で終わる語は -z を -c にかえて -es

★西和辞典でいろいろな名詞を探して，男性名詞か女性名詞か調べてみましょう．

Ejercicios y actividades

1 下線の文の主語代名詞を言いましょう. Escribe los pronombres personales.

1) <u>Soy japonesa.</u> → （　　　　　　　）　　2) ¿<u>Eres mexicano?</u> → （　　　　　　　）

3) <u>Somos de Hyogo.</u> → （　　　　　　　）

4) ¿De dónde es María? — <u>Es de España.</u> → （　　　　　　　）

5) ¿Es Rodrigo colombiano? — No. <u>Es venezolano.</u> → （　　　　　　　）

2 主語に合わせて, ser 動詞を活用させましょう. Escribe la forma adecuada del verbo SER.

1) Nosotros somos japoneses. → Vosotros _____ japoneses.

2) ¿Eres española? → ¿_____ usted española?

3) Ustedes son estadounidenses. → Vosotros _____ estadounidenses.

4) Manuel no es de Argentina. → Manuel y María no _____ de Argentina.

5) Kei y Sae son de Japón. → Kei y yo _____ de Japón.

3 「○○は日本人です」という文を書きましょう. Completa diciendo que el sujeto es japonés.

Yo _____ _____.

Mami _____ _____.

Shun y yo _____ _____.

Mami y Yuki _____ _____.

Mami y Shun _____ _____.

yo Shun Mami Yuki

4 次の名詞を複数形にしましょう. Cambia a plural.

casa　　libro　　hombre　　mujer　　amiga　　perro　　ordenador

5 次の名詞の複数形を見て, 単数形を言いましょう. Di la forma singular.

edificios　　amigas　　clases　　relojes　　ventanas　　chicos　　veces

6 会話 次の人物の出身国や職業について, 会話してみましょう. Conversa siguiendo el modelo.

例) ¿Lionel Messi es de España? — No, no es español. Es argentino.

¿Qué es Lionel Messi? — Es futbolista.

Lionel Messi	futbolista	~~España~~ → Argentina
Rafael Nadal	jugador de tenis	~~México~~ → España
Penélope Cruz	actriz	~~Francia~~ → España
Kazuo Ishiguro	escritor	~~Japón~~ → Inglaterra

7 リスニング 音声を聞いて，下線部を埋めましょう．Escucha la audición y completa los espacios.

¿Quién es este _____ ? — _____ Alejandro Iñárritu.

¿Cómo se escribe Iñárritu? — I, _____ , a, _____ , erre, i, _____ , u, Iñárritu. A con acento.

¿Cuál es su profesión? — _____ director de cine.

¿De dónde es? ¿Es _____ ? — No, no es español. Es _____ .

Quién: 誰　este: この　A con acento: A にアクセント符号を

¿Cuál es su profesión?: 職業は何ですか　director de cine: 映画監督

基本単語　国籍　Las nacionalidades　　語頭は小文字なので注意

español / española	mexicano / mexicana	colombiano / colombiana
francés / francesa	peruano / peruana	chino / china
alemán / alemana	chileno / chilena	coreano / coreana
inglés / inglesa	argentino / argentina	estadounidense

異文化リテラシー　スペインと中南米

　スペイン語は，どうして 20 以上の国で話されるようになったのでしょうか．その鍵は約 500 年前にあります．1492 年にコロンブスがカリブ海の島にたどりついた後，スペインは中南米の多くの土地を植民地として支配しました．この植民地が 19 世紀はじめに独立してできたのが今の国々です．そこで，中南米各国ではスペイン語が話されているのです．

　では，スペインのスペイン語と中南米のスペイン語は同じなのでしょうか？　答えはイエスでノーです．スペイン語を話せたら，どこでも話が通じるのでイエス．でも，発音や語彙や文法には，少しずつ違いがあるのでノーとも言えます．たとえば，ジャガイモはスペインでは patata，中南米では papa と言います．スペイン語を勉強することは，多くの国々の多様な文化を学ぶことでもあるのです．

ウロス島の売り子（ペルー）

(左)メキシコで信仰されている褐色の聖母
(中央)歴史上の人物が描かれたメキシコの紙幣

ミニ読書案内　📖『モーターサイクル・ダイアリーズ』（エルネスト・チェ・ゲバラ 著／棚橋加奈江 訳／KADOKAWA）　📖『やさしく読めるスペイン語の昔話』（松下直弘 著／NHK 出版）

Hola, ¿cómo estás?

形容詞 / 動詞 estar ① / 動詞 ser ②

14

― Diálogo 2 ―

Moe: Hola, Jaime, **¿cómo estás?**

Jaime: **Muy bien.** ¿Y tú?

Moe: Bien, pero **estoy cansada**.

（パウラ先生がやってきて……）

Jaime: Moe, ¿ella es profesora de inglés?

Moe: No, es profesora de español. **Es joven y simpática**.

キーフレーズ 1

¿Cómo estás?　きみは元気？　敬意を払う相手なら ¿Cómo está usted? となる

<u>Muy bien</u>.　とても元気だよ．

★「元気 ?」とたずね，下線部を下記の語にかえて答えましょう．

bien　元気　　　　　　regular　まずまず

así así　まあまあ　　　mal　（調子が）悪い

キーフレーズ 2

Estoy <u>cansada</u>.　私は疲れているの．　男性の場合は Estoy cansado. となる

★ 下線部を下記の語にかえて，あなたの状態を言いましょう．

Estoy contenta.　　　　　　　Estoy contento.　　満足している

resfriada.　　　　　　　　　　resfriado.　　風邪をひいている

nerviosa.　　　　　　　　　　nervioso.　　緊張している

ocupada.　　　　　　　　　　ocupado.　　忙しい

キーフレーズ 3

Es <u>joven y simpática</u>.　彼女は若くて優しい．

★ ¿Cómo es tu profesor/profesora?　（君の先生はどんな人？）とたずね，下線部を 13 ページの基本単語にかえて，先生の性格・特徴を答えましょう．-o で終わる形容詞は，男性なら -o, 女性なら -a を用いる

　西和辞典で，性格・特徴を表す語を探してみましょう．

2 Gramática

① 形容詞　El adjetivo

形容詞は名詞を修飾し，名詞の性と数に合わせて変化します．

名詞を直接修飾する場合，普通は名詞の後に置きます．

単数名詞と　　　　　複数名詞と

男性	chico **guapo**	chicos **guapos**
女性	chica **guapa**	chicas **guapas**

男性形 -o　女性形 -a

男性	coche **grande**	coches **grandes**
女性	casa **grande**	casas **grandes**

-o 以外で終わるものは男女同形

男性	profesor **español**	profesores **españoles**
女性	profesora **española**	profesoras **españolas**

ただし，国籍などは，-o 以外で終わる
場合でも男女で形がかわる

② 動詞 estar ①　El verbo ESTAR ①

	単数		複数	
1 人称	yo	estoy	nosotros / nosotras	estamos
2 人称	tú	estás	vosotros / vosotras	estáis
3 人称	él, ella, usted	está	ellos, ellas, ustedes	están

用法 1　〈estar＋形容詞・副詞〉で，一時的な状態を表します．

　Ella está resfriada.

　Estamos ocupados.　形容詞は，主語の性数に合わせて変化

　¿Cómo está Javier? — Está muy bien.

　El café está caliente.　　La mesa está limpia.　　Las sillas están ocupadas.

③ 動詞 ser ②　El verbo SER ②

用法 3　〈ser＋形容詞〉で，すぐにはかわらない性格・特徴を表します．

　Javier es alto y guapo.　形容詞は，主語の性数に合わせて変化

　¿Cómo es Laura? — Es baja y amable.

　La película es muy larga.

　La lengua española es muy interesante e importante.

接続詞 y は，i で始まる語の前では e となる

11

2　Ejercicios y actividades

1 次の形容詞を名詞に合わせて変化させましょう. Escribe los adjetivos en la forma correcta.

1) chico (serio) _____　　2) señoras (alegre) _____

3) casa (pequeño) _____　　4) coches (grande) _____

5) examen (difícil) _____　　6) libros (interesante) _____

7) pelo (largo) _____　　8) edificios (alto) _____

9) habitaciones (sucio) _____　　10) chicas (joven) _____

2 (　　)の中の動詞を主語に合わせて活用させ, 正しい形容詞を〇で囲みましょう.

Conjuga los verbos y marca con un círculo el adjetivo correcto.

1) Yo (estar) _____ contento / contenta / contentos / contentas.

2) Moe (estar) _____ enfermo / enferma / enfermos / enfermas.

3) Ustedes (estar) _____ triste / tristes.

4) María y Jaime (estar) _____ cansado / cansada / cansados / cansadas

5) Luis y tú (estar) _____ ocupado / ocupada / ocupados / ocupadas.

3 会話　次のイラストを見て質問をし, 枠内の形容詞を用いて答えましょう.

Conversa con tu compañero siguiendo el modelo.

例）¿Cómo es Isabel? ― Es alta y rica.

Isabel　　　　Tama y Mike（メス）　　　　José

alto
simpático
inteligente
serio
guapo
pequeño
bonito
rico

4 リスニング　音声を聞いて, 下線部を埋めましょう. Escucha la audición y completa los espacios.

Moe es japonesa de Shizuoka. Es estudiante de Relaciones Internacionales en una universidad. Es una chica _____, _____ y muy amable. Todos los días _____ muy ocupada porque _____ estudiosa.

Relaciones Internacionales: 国際関係学　todos los días: 毎日　porque: なぜなら　estudioso: よく勉強する

★ この文を参考にして, あなたの友達をスペイン語で紹介してみましょう.

Siguiendo el texto como el modelo, presenta a un amigo tuyo en español.

17

基本単語　形容詞　Los adjetivos

alto / alta　　bajo / baja　　delgado / delgada　　gordo / gorda　　guapo / guapa

simpático / simpática　　tímido / tímida　　serio / seria　　alegre　　inteligente

---

異文化リテラシー　**ラテンの人はほめ上手？**

　スペイン語を含むラテン系の言語を使うラテンの人は，個人差はあるものの，一般的に社交的です．謙虚さを重んじる日本人との違いは，コミュニケーションのスタイルにも表れるようです．会話の場面では，話し相手のテリトリーを脅かさないようにと気を使うより，相手との距離を縮めようと努めます．その方法のひとつが，相手をほめることです．

　たとえば，おしゃれな帽子をかぶって友だちが現れたなら，¡Qué elegante!（エレガントだね！），「すてきな帽子ね」「よく似合っているよ」などと，さかんに声をかけます．

　この ¡Qué＋形容詞！は，形容詞を強調するときに使う便利な表現です．¡Qué grandes!　¡Qué alta! のように，形容詞は，修飾する名詞の性と数に，形を一致させるのを忘れずに．

　相手のよいところを見つけて，みなさんもこの表現でほめてみましょう．

カフェでの語らい（スペイン）

公園でドミノをする人々（スペイン）

週末の公園（メキシコ）

ミニ読書案内　📖『スペイン七千夜一夜』（堀越千秋 著／集英社）　📖『亀裂　欧州国境と難民』（カルロス・スポットルノ 写真／ギジェルモ・アブリル 文／上野貴彦 訳／花伝社）

1 名詞の性の見分け方のコツ　El sustantivo masculino y el femenino

次の表で男性名詞と女性名詞の語尾を比べてみましょう.

男性名詞		女性名詞	
amigo	día	amiga	tarde
jefe	banco	jefa	estación
cielo	hotel	tierra	foto
mar	aire	ciudad	mano
男女同形	estudiante	futbolista	periodista

★ 表をもとにして，下線部にあてはまる語を枠内から選び，見分け方のコツを完成させましょう.

Completa la explicación para distinguir el masculino y el femenino.

語尾が＿＿＿＿は男性名詞, ＿＿＿＿, ＿＿＿＿, ＿＿＿＿, ＿＿＿＿は女性名詞の場合が

多いのがわかります. ただし, ＿＿＿＿, ＿＿＿＿, ＿＿＿＿のように例外もあるので要注意.

名詞につく冠詞や形容詞は，名詞の性数に合わせて形をかえるので，名詞の性は大切です.

わからない場合は必ず辞書で確認しましょう.

-ción　foto　-o　día　mano　-a　-sión　-dad

2 名詞の前に置く形容詞　Adjetivo antepuesto al sustantivo

形容詞は普通は名詞の後に置きますが，名詞の前に置くこともあり，そうすると意味が少しかわります. 意味の違いを，辞書で確認してみましょう.

un chico pobre　貧しい少年　　un pobre chico　かわいそうな少年

また，名詞の前に置くと，形がかわる形容詞もあります.

男性単数名詞の前で語尾が脱落

un buen estudiante

bueno の o がなくなる

単数名詞の前で語尾が脱落

un gran escritor　　una gran escritora

grande の de がなくなる. grande は名詞の前に置くと「偉大な」「すばらしい」の意味.

3 ser と estar の使い分け SER y ESTAR

動詞 ser も estar もつなぎの動詞として，〈主語＋ser / estar＋形容詞〉という文を作ります．

形容詞の内容が，すぐにはかわらない性質や特徴なら ser

その時の一時的な状態なら estar

と動詞を使い分けます．次の文を見てみましょう．

El café colombiano es bueno.　　Este café está muy bueno.

コロンビアのコーヒーは美味しい.　　このコーヒーはとても美味しい.

Ella es guapa.　　Ella está muy guapa con este peinado.

彼女はきれいだ.　　彼女はこの髪型にしてとてもきれいだ.

同じ形容詞でも，ser を使うか estar を使うかで意味がかわります．

★ 日本語を読んで，適切な動詞を選びましょう．Lee y elige el verbo adecuado.

1. Yo (soy / estoy) estudiante.　私は学生だ.

2. ¿Cómo (eres / estás)?　元気？

3. El libro (es / está) muy divertido.　その本はとても面白い.

4. Los platos (son / están) sucios.　それらの皿は汚い.

5. Alex (es / está) inteligente.　アレックスは頭がいい.

6. Alex (es / está) nervioso.　アレックスは神経質だ.

7. Alex (es / está) nervioso antes del examen.　アレックスは試験前で緊張している.

Más vocabulario   En la mesa

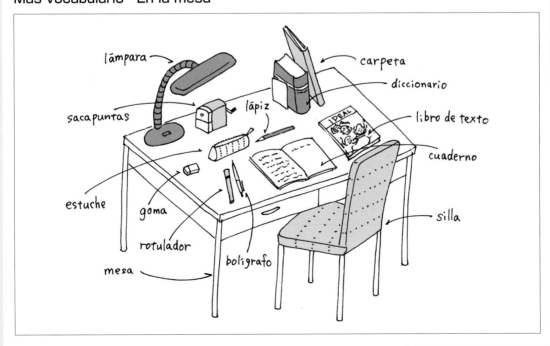

Más ejercicios

1 スペイン語にしましょう．¿Cómo se dice en español?

1) あなたはどこの出身ですか？

2) 私は日本人です．

3) パウラ(Paula)はチリ人です．

4) 彼はスペイン人ではありません．メキシコ人です．

5) 君たちは学生ですか？

6) その女の子たち(las chicas)は明るくて感じがいい．

7) 東京スカイツリー(la Torre Skytree)はとても高い．

8) そのテーブル(la mesa)は汚れています．

9) アナ(Ana)とホセ(José)は疲れています．

10) メッシ(Messi)はアルゼンチン人のサッカー選手です．

2 トライ！ 1 夏休みにスペイン短期留学をすることにした学生が書いた語学学校の登録カードを，辞書を使って読んでみましょう．Lee el formulario de matrícula para una academia de idiomas que ha escrito un estudiante.

Ficha de inscripción

Nombre: Tsutomu Apellidos: Tanaka

Fecha de nacimiento: 15 / septiembre / 2000 日 / 月 / 年の順

Lugar de nacimiento: Kobe

Nacionalidad: japonesa

Nacionalidad が女性名詞なので，男性でも女性でも女性形 japonesa になる．

Edad: 18

Estado civil: soltero 未婚 soltero か既婚 casado か答える．女性なら soltera か casada.

Dirección: 2-2-35 Benten, Minato-ku, Osaka-shi 551-0005 Japón

A市B区C（番地）なら，（番地）C, B, A 郵便番号，Japón となる．

Número de Pasaporte: ZA290138

Teléfono: +81 080 3977 1982 +81 は日本の国番号．そのあとに番号を続ける．

Correo electrónico: tanaka@email.com

Nivel de español: A1

★ あなたも夏に短期留学するつもりになって，語学学校の登録カードを書いてみましょう.

Rellena el formulario de matrícula para una academia de idiomas.

Ficha de inscripción

Nombre: _____ Apellidos: _____

Fecha de nacimiento: _____

Lugar de nacimiento: _____

Nacionalidad: _____

Edad: _____

Estado civil: _____

Dirección: _____

Número de Pasaporte: _____

Teléfono: _____

Correo electrónico: _____

Nivel de español: _____

18

3 リスニング 音声を聞いて，はい(V)かいいえ(F)に○をつけましょう.

Escucha la audición y contesta verdadero (V) o falso (F).

	V	F
1) Luisa es argentina.	( )	( )
2) Buenos Aires es alegre.	( )	( )
3) Buenos Aires es antigua.	( )	( )
4) Luisa no es estudiante.	( )	( )
5) Luisa está contenta.	( )	( )

(左)マドリード自治大学のキャンパス
(中央)語学学校の掲示板（スペイン）
(右上)語学学校の教室
(右下)語学学校で料理教室も

¿Hay una farmacia?

冠詞 / 存在を表す hay / 動詞 estar ②

Diálogo 3

Paula: Estoy resfriada. **¿Hay una farmacia cerca?**

Moe: Sí, hay una.

Paula: **¿Dónde está la farmacia?**

Moe: Está allí, delante del edificio blanco.

キーフレーズ 1

¿Hay <u>una farmacia</u> cerca?　薬局が近くにありますか？

★ 絵の語に不定冠詞をつけて下線部を言いかえ，それが近所にあるかたずねましょう．

estación	cafetería	restaurante	banco	supermercado
hospital	parque	museo	hotel	plaza

キーフレーズ 2

¿Dónde está <u>la farmacia</u>?　その薬局はどこにありますか？

★ 上の絵の語に定冠詞をつけて下線部を言いかえ，それがどこにあるかたずねましょう．

　ほかにも街で見かけるものをスペイン語で何というか辞書で調べてみましょう．

3 Gramática

1 冠詞　Los artículos

冠詞には不定冠詞と定冠詞があります．名詞の性と数に合わせて形がかわります．

不定冠詞

	単数	複数
男性	**un** libro	**unos** libros
女性	**una** novela	**unas** novelas

定冠詞

	単数	複数
男性	**el** libro	**los** libros
女性	**la** novela	**las** novelas

una universidad　ある大学　　　**la** universidad de Sevilla　セビージャ大学

Un café, por favor.　コーヒーを1杯お願いします．

Hay **unos** cuadros de Picasso en este museo.　この美術館にはピカソの絵が何枚かある．

　　不定冠詞の複数形は「いくつかの」の意味

Los cuadros de Picasso son famosos.　それらのピカソの絵は有名だ．

　　話者同士がどの絵かわかっているなら定冠詞

2 存在を表す hay　Forma verbal hay

hay は動詞 haber の3人称単数形の特別な形です．主語なしで，後に不特定の名詞を置いて，「〜がいる・ある」を表します．後にくる名詞が単数形でも複数形でも hay の形はかわりません．

Hay un móvil en la mesa.

Hay muchas cafeterías en este barrio.

3 動詞 estar ②　El verbo ESTAR ②

用法2　〈主語＋estar＋場所を表す語句〉で，特定できるものを主語として，「〜は〜にいる・ある」を表します．estar は，主語に応じて活用します．

El lago Biwa está en Shiga.

(携帯電話で) ¿Hola, dónde estás? — Estoy en Shibuya.

El banco está al lado del supermercado "Sol".

　　al は前置詞 a＋定冠詞 el　　del は前置詞 de＋定冠詞 el

20

基本単語　場所を表す語句　Vocabulario localización

aquí	ahí	allí	cerca de	lejos de
en	debajo de	delante de		detrás de
al lado de	a la izquierda de		a la derecha de	

3   Ejercicios y actividades

1 次の語の意味を調べ，不定冠詞をつけましょう．Escribe el significado y los artículos indeterminados.

_____ tomate	_____ patata	_____ huevo	_____ naranjas
_____ platos	_____ vaso	_____ manzana	_____ kilos de arroz

2 次の語の意味を調べ，定冠詞をつけましょう．Escribe el significado y los artículos determinados.

_____ cuaderno	_____ cama	_____ sillas	_____ ordenador
_____ lámpara	_____ lápices	_____ puerta	_____ ventanas

3 次の下線部に，hay か estar の活用形を入れて，全文を和訳しましょう．
Completa con el verbo haber o estar y traduce cada frase.

1) ¿Dónde _____ el Museo Nacional de Tokio?

2) _____ un restaurante italiano cerca.

3) La casa de Hiro _____ cerca del río de Kamogawa.

4) Ya no _____ agua en la botella.

5)（電話で）¿Dónde _____ vosotros? — _____ en casa.

4 会話 どこにあるかたずね，国名で答えましょう．
Pregunta dónde están los siguientes sitios y contesta.

例) ¿Dónde está la Sagrada Familia? — Está en España.

la Sagrada Familia (España) Machu Picchu (Perú) Teotihuacan (México) el Obelisco (Argentina)

5 会話 それぞれのネコがどこにいるかたずねて，答えましょう．
Pregunta dónde está el gato y contesta.

例) ¿Dónde está el gato negro? — Está detrás de la silla.

el gato negro   el gato grande   el gato pequeño   el gato delgado   el gato gordo

🔊 **6** リスニング それぞれの人の携帯電話の番号を，音声を聞いて答えましょう.
21　　　　　　　 Escucha la audición y escribe el número de móvil de cada persona.

1) Aya _____　　2) Paula _____

3) Moe _____　　4) Jaime _____

🔊 **基本単語　数字 I（0-900）Los números I**
22

0 cero		
1 uno	11 once	21 veintiuno
2 dos	12 doce	22 veintidós
3 tres	13 trece	23 veintitrés
4 cuatro	14 catorce	24 veinticuatro
5 cinco	15 quince	25 veinticinco
6 seis	16 dieciséis	26 veintiséis
7 siete	17 diecisiete	27 veintisiete
8 ocho	18 dieciocho	28 veintiocho
9 nueve	19 diecinueve	29 veintinueve
10 diez	20 veinte	30 treinta

una botella de agua　水のペットボトル1本　un libro　本1冊

tres botellas de agua　水のペットボトル3本　dos libros y seis revistas　本2冊と雑誌6冊

　1, 21, 31 など1で終わる数は，男性名詞の前なら un，女性名詞の前なら una となる

31 treinta y uno	60 sesenta	86 ochenta y seis
40 cuarenta	64 sesenta y cuatro	90 noventa
42 cuarenta y dos	70 setenta	97 noventa y siete
50 cincuenta	75 setenta y cinco	100 cien
53 cincuenta y tres	80 ochenta	

　30 以降は，10 の位と1の位を接続詞 y でつなぐ

　100 はちょうどなら cien だが，10 の位以下に数があると ciento となる

101 ciento uno	400 cuatrocientos	700 setecientos
200 doscientos	500 quinientos	800 ochocientos
300 trescientos	600 seiscientos	900 novecientos

doscientas personas　200 人　　quinientos yenes　500 円

　200 から 900 は女性名詞の前なら -cientas となる

Lección 4
cuatro

Tomo un zumo de naranja.

規則動詞 / 目的語につく前置詞 a / 時刻の表現

23

Diálogo 4

Moe: ¿Comemos juntos?

Jaime: Pero es muy temprano. **¿Qué hora es?**

Moe: **Son las once y media.** En Japón comemos a las doce y los restaurantes ya están abiertos.

Jaime: Bueno, pero yo **tomo un zumo de naranja.**

キーフレーズ 1

Tomo <u>un zumo de naranja</u>. 僕はオレンジジュースを飲むよ.

★ 下線部を下の絵の語にかえて,「私は〜を食べる(飲む)」と言ってみましょう.

un café　　　　un té　　　　una cola　　　　un donut　　　　un bocadillo

キーフレーズ 2

¿Qué hora es? 何時?　**Son las once y media.** 11時半.

★ ¿Qué hora es? とたずね, 次の時刻でこたえましょう.

5時　6時15分　7時半　7時45分　9時

時刻の表現　La hora

「〜時」は〈定冠詞の女性形＋数字〉で表します.

Es la una. 1時　　Son las dos y diez. 2時10分

1時台のみ動詞 ser は3人称単数形, 2時以降は3人称複数形

Son las dos y cuarto. 2時15分　　Son las dos y media. 2時30分
15分は cuarto　　　　　　　　30分は media

Son las tres menos cuarto. 2時45分　3時マイナス15分と表現

「〜時に」は〈a＋定冠詞の女性形＋数字〉で表します.

Comemos a las doce. 私たちは12時に昼食をとります.

「1時に」なら a la una,「2時に」なら a las dos

22

4   Gramática

24

1 規則動詞   Verbos regulares

動詞の大半は，主語に応じて語尾が規則的に変化します.

原形の語尾によって，-ar 型，-er 型，-ir 型の 3 タイプがあります.

-ar 型   hablar 話す

yo	hablo	nosotros / nosotras	hablamos
tú	hablas	vosotros / vosotras	habláis
él, ella, usted	habla	ellos, ellas, ustedes	hablan

buscar   cantar   comprar   escuchar   esperar   estudiar
llamar   llegar   tomar   trabajar   viajar   visitar

-er 型   comer 食べる

como	comemos
comes	coméis
come	comen

beber
correr
creer
leer

-ir 型   vivir 住む

vivo	vivimos
vives	vivís
vive	viven

abrir
escribir
recibir
subir

¿Hablas inglés? — Sí, hablo inglés un poco.

   hablar, estudiar と使うとき，言語名は無冠詞

Estudiamos Economía con la profesora García.

Ella lee el libro en la biblioteca.

¿Dónde vives? — Vivo en Osaka.

   住んでいる場所は〈前置詞 en＋地名〉で表す

2 目的語につく前置詞 a   Preposición a delante del complemento directo e indirecto

他動詞は直接目的語を伴い，ふつう〈動詞＋直接目的語（＋間接目的語）〉の形をとります.

直接目的語が特定の人の場合は，その前に前置詞 a を置きます.

Espero un taxi.   Espero a Jaime. 波線の部分が直接目的語
    ～を   ～を

間接目的語（～に）の前には必ず前置詞 a を置きます.

Escribo una carta a Jaime. 点線の部分が間接目的語
    ～を   ～に

4   Ejercicios y actividades

1 （　　）の中の動詞を主語に合わせて活用させましょう．Conjuga los verbos correctamente.

1) (Yo / comer   ) a las doce y diez.

2) (Tú / trabajar   ) en un restaurante.

3) Ella (estudiar   ) español en la universidad.

4) (Nosotros / beber   ) sangría.

5) Los pájaros (cantar   ) en el árbol.

6) Ellos (subir   ) a la Torre de Kioto

2 目的語の前に a が必要な場合は書き入れましょう．Escribe la preposición a si es necesario.

1) Busco (   ) los libros.   2) Busco (   ) los niños.

3) Esperamos (   ) la señora García.   4) ¿(   ) quién esperas?

5) Él recibe (   ) mensajes.   6) Escribo (   ) un mensaje (   ) Javier.

3 原形を書き入れ，意味を言いましょう．Escribe la forma en infinitivo y el significado del verbo.

1) viajan   (   )   2) corre   (   )   3) subimos   (   )

4) llego   (   )   5) recibes   (   )   6) creemos   (   )

7) visita   (   )   8) leen   (   )   9) escribís   (   )

4 会話 ペアになり，質問しあいましょう．Pregunta y responde a tu compañero.

1) ¿Qué estudias? — Estudio (Letras, Sociología, Derecho, Relaciones Internacionales, Economía, Psicología, Medicina, Comercio…).

2) ¿Dónde vives? — Vivo en …

3) ¿A qué hora comes normalmente? — Como a la / las …

5 会話 絵を見て，それぞれの場所が何時に開くかたずね，答えましょう．
Preguntaos siguiendo el modelo.

例) ¿A qué hora abre el bar? — El bar abre a las ocho de la noche.

| el bar | la tienda | la farmacia | la biblioteca | la discoteca |
| 20 : 00 | 11 : 00 | 9 : 00 | 8 : 30 | 21 : 00 |

🔊 **6 リスニング** 音声を聞いて，下線部を埋めましょう. Escucha la audición y completa los espacios.
25

Moe: ¿ _____ _____ hora desayunas, Jaime?

Jaime: Desayuno a las ocho de la _____.

Moe: ¿Qué _____?

Jaime: _____ _____ con leche y una tostada. ¿Y tú, Moe?

Moe: Yo _____ arroz y sopa de miso _____ _____ siete.

con leche: ミルク入りの　tostada: トースト　sopa de miso: みそ汁

🔊 **基本単語　食事に関する動詞と名詞　La comida**
26

el desayuno　　la comida／el almuerzo　　la merienda　　la cena

desayunar　　comer／almorzar　　merendar　　cenar

almorzar は o → ue 型，merendar は e → ie 型の不規則活用→ p. 43

異文化リテラシー　食事と時間帯

スペインの朝食例

みなさんは朝食に何を食べますか？ ご飯とみそ汁？ それともパンとコーヒー？ スペイン語圏の人々は何を食べているのでしょう. メキシコの人はやはり朝からタコスでしょうか？

お昼ご飯は何時にどこで食べますか？ 学食で？ それともお弁当ですか？

マドリード自治大学の食事風景

　スペインでは昼食を 14 時ごろにとるのが一般的で，昼食が 1 日のメインの食事です. ビールやワインを注文できる学食もあります. 日本とはずいぶん異なりますね. 中南米ではどうでしょうか？ 調べてみましょう. 留学生や先生にもたずねてみましょう.

ミニ読書案内　📖『世界の食文化〈14〉スペイン』（立石博高他 著／農山漁村文化協会）

25

ステップアップ文法2

1 否定文と疑問文　Oraciones negativas e interrogativas

否定文

どの時制でも，活用している動詞の前に no を置いて作ります．

　　Ellos no escuchan música en tren.

代名詞を伴うときは，代名詞の前に no を置きます．

　　¿Conoces a Aya? — No, no la conozco.　la は p. 31

　　　きみはアヤを知ってる？—いいえ，私は彼女を知らない．

疑問文

疑問文は ¿ ? で囲み，文末を上げ調子で言います．語順は，①ふつうの文のまま，②主語を動詞のあとに持ってくる，のどちらでもかまいません．

　　¿Paula es española? あるいは ¿Es Paula española? — No, es chilena.

　　¿Marta viaja por México? あるいは ¿Viaja Marta por México?

　　— Sí, viaja por México en agosto. / No, no viaja por México.

疑問詞を使った疑問文は，〈疑問詞＋動詞＋主語〉の順で作ります．

　　¿De dónde es usted? — Soy japonesa, de Osaka.

　　¿Cómo están tus abuelos? — Están muy bien.

★ 質問の答えを右から選びましょう．Relaciona la pregunta con la respuesta correspondiente.

1. ¿Qué estudiáis?
2. ¿Qué hora es?
3. ¿Dónde cenamos?
4. ¿Cómo están tus padres?
5. ¿A qué hora llegan a clase Moe y Jaime?
6. ¿A quién espera usted?

a. Estudiamos Derecho.
b. Muy bien, gracias.
c. Son las nueve menos cuarto.
d. En un restaurante coreano.
e. Espero al Sr. López.
f. A las diez y media.

2 hay と estar の使い分け　hay y ESTAR

〈hay＋名詞〉と〈主語＋estar＋場所を表す語句〉の文は，日本語にするとどちらも「いる・ある」となりますが，意味が異なります．次の文を読んで，違いを考えてみましょう．

～が(～に)います / あります	～は～にいます / あります
Hay un buzón en la universidad.	El buzón está al lado de la biblioteca.
Hay muchos templos en Kioto.	El Templo de Oro está cerca de la universidad.
Hay 20 estudiantes en la clase.	Ellos están en el aula 204.
Al lado del banco hay un cine.	El cine está al lado del banco ABC.
Hay muchas sillas en la sala.	Las sillas están junto a la mesa.

★ 下線部にあてはまる語を枠内から選び，使い分けのコツを完成させましょう.

Completa la explicación para la diferencia del uso entre hay y estar.

_____ は，物があるかないか，または人がいるかいないかを表します.

_____ は，あることがわかっている物や人が，どこにあるのか，いるのかを表します.

〈hay＋名詞〉の名詞の前には _____，_____，不定語を置きます．複数形では無冠詞の場合もあります.

〈主語＋estar＋場所を表す語句〉の主語が名詞の場合は，前に _____ や所有形容詞，指示形容詞など，特定する語がきます.

定冠詞	estar	数詞	hay	不定冠詞

★ 動詞 ser か estar の活用形または hay を入れ，和訳しましょう.

Escribe ser o estar en la forma adecuada o bien hay y traduce al japonés.

例）¿De dónde (es) usted? ご出身は？

1. Mañana no (　　　　　　　) clase.

2. Esta silla (　　　　　　　) ocupada.

3. Moe y yo (　　　　　　　) estudiantes.

4. ¿Dónde (　　　　　　　) Jaime?

5. ¿De dónde (　　　　　　　) Jaime?

6. Ellas (　　　　　　　) guatemaltecas.

7. En Madrid (　　　　　　　) muchos museos.

Más vocabulario　En el cuarto de estar

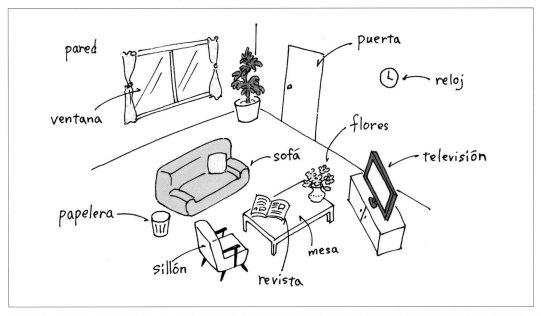

Más ejercicios

1 スペイン語にしましょう. ¿Cómo se dice en español?

1) 何時ですか？―12 時 15 分です.

2) 日本では銀行は 9 時に開きます.

3) 映画『ボルベール』(la película *Volver*) は面白い.

4) ハイメは教室 (el aula) にいない.

5) 私たちは大学でスペイン語を勉強しています.

6) 彼らは図書館でスペイン語の本(libros en español)を読みます.

7) 彼女はアリシア(Alicia)に手紙を書きます.

8) プラド美術館 (el Museo del Prado) はマドリードにあります.

9) 東京には高層ビル(edificios altos)がたくさんあります.

10) 君たちはだれを待っているのですか？

2 トライ！ 2 スペインでよく見かけるレストランのランチメニューです. メニューと店員との会話を辞書を使って読んでみましょう. Lee la carta del menú del día de un restaurante y el diálogo.

Casa Ideal

Menú del día
Primer plato:
ensalada mixta
gazpacho
crema de calabacín
Segundo plato:
salmón a la plancha
pollo asado
calamares a la romana
Postre:
sandía
flan
helado de vainilla
Bebida:
agua o vino
10,50 €

Camarero: ¿Qué desean?

Cliente A: Pues yo, de primero, gazpacho y, de segundo, salmón.

Cliente B: Para mí, de primero, ensalada y, de segundo, pollo.

Camarero: ¿Y de postre?

A: Yo, flan.

B: Yo también.

Camarero: ¿Para beber?

A: Yo, agua.

Camarero: ¿Con gas o sin gas?

A: Sin gas, por favor.

B: Yo, vino tinto, por favor.

Camarero: Muy bien. Un momento, por favor.

ガスパチョ

ミックスサラダ

イカフライ

つまみの定番オリーブ

★ ファーストフード店でモエが注文しています．メニューと会話を読み，下線部を変えて注文してみましょう．

Lee la carta de un restaurante de comida rápida y el diálogo, y pide siguiendo el ejemplo.

Hamburguesa normal	1 €	Complementos:	
Hamburguesa con queso	1,5 €	Patatas fritas	2 €
Hamburguesa de pollo	2 €	Alitas de pollo	2 €
Hamburguesa especial	3 €	Bebidas:	
		Cola, Agua, Zumo de naranja	1 €

Camarera: ¡Hola! Buenas tardes. ¿Para comer aquí o para llevar?

Moe: <u>Para llevar. Una hamburguesa normal, patatas fritas y una cola</u>, por favor.

Camarera: ¿Algo más?

Moe: Nada más.

Camarera: Son 4 euros.

Moe: Aquí tiene.　tiene 原形は tener → p. 35

Camarera: Gracias.

3 リスニング　音声を聞いてどこについて話しているか答えましょう．
27

Escucha la audición y responde de qué ciudad o lugar hablan.

1) _____　　2) _____

3) _____　　4) _____

Buenos Aires

Granada

Barcelona

Islas Galápagos

Lección **5** cinco	# ¿Conoces a Aya?

間接目的語・直接目的語の人称代名詞 /
不規則動詞 I（1 人称単数形が不規則な動詞）

28

┌─ Diálogo 5 ─

Moe: ¿Jaime, **conoces a Aya?**

Jaime: **No, no la conozco.**

Moe: **Te la presento.** Ella es mi amiga, Aya.

Jaime: Hola Aya, encantado. ¿Hablas español?

Aya: Sí, un poco. Lo estudio como segunda lengua extranjera.

Jaime: ¡Qué bien!

キーフレーズ 1

¿Conoces a <u>Aya</u>?　アヤを知ってる？

No, no la conozco.　ううん，彼女を知らない．

★ 下線部（直接目的語）を下記の名前にかえてたずね，答えてみましょう.

Sho　　　　Aya y Moe　　　el profesor Tanaka　　la señora Mori

キーフレーズ 2

<u>Te</u> la presento.　きみに彼女を紹介するわ．

★ 下線部「きみに」を，下記の語に言い換えてみましょう.

1) <u>彼に</u>彼女を紹介するよ.　　　　~~Le~~ ＿＿＿＿ la presento.

2) <u>君たちに</u>彼女を紹介するよ.　　　　＿＿＿＿ la presento.

3) <u>あなたたちに</u>彼女を紹介するよ.　~~Les~~ ＿＿＿＿ la presento.

4) <u>彼らに</u>彼女を紹介するよ.　　　~~Les~~ ＿＿＿＿ la presento.

5) <u>彼女らに</u>彼女を紹介するよ.　　~~Les~~ ＿＿＿＿ la presento.

29

基本単語　曜日　Los días de la semana　語頭は小文字なので注意

lunes	martes	miércoles	jueves	viernes	sábado	domingo

5　Gramática

① 間接目的語・直接目的語の人称代名詞

Los pronombres personales de complementos directo e indirecto

単数	間接	直接	複数	間接	直接
私	me	me	私たち	nos	nos
きみ	te	te	君たち	os	os
彼, あなた, それ　（男・単）	le (se)	lo	彼ら, あなた, それら　（男・複）	les (se)	los
彼女, あなた, それ（女・単）		la	彼女ら, あなた, それら（女・複）		las

目的語が人称代名詞になるときは，動詞の直前に置きます.

　　Carmen me escribe.　　¿Esperáis a Paula? — Sí, la esperamos.
　　　　　～に　　　　　　　　　　　　　～を　　　　　～を　　Paula は女性単数なので la

間接目的語，直接目的語がどちらも代名詞のときは，間接目的語，直接目的語の順になります.

　　¿Me das los libros? — Sí,　te　los　doy.
　　　～に　　　～を　　　　　　　～に ～を　libros は男性複数なので los

どちらも 3 人称の代名詞のときは，間接目的語の le, les が se にかわります.

　　¿Regalas el CD a Ana? — Sí,　se　lo　regalo.
　　　　　～を　　～に　　　　　　　　～に ～を le lo ではなく se lo

② 不規則動詞 Ⅰ（1 人称単数形が不規則な動詞）　Verbos irregulares en 1ª persona del singular

30

dar　与える

doy	damos
das	dais
da	dan

ver　見る, 会う

veo	vemos
ves	veis
ve	ven

oír　聞く

oigo	oímos
oyes	oís
oye	**oyen**

saber　知る

sé	sabemos
sabes	sabéis
sabe	saben

conocer　知る

conozco	conocemos
conoces	conocéis
conoce	conocen

hacer　する, 作る

hago	hacemos
haces	hacéis
hace	hacen

salir : salgo, sales, sale…　　　poner : pongo, pones, pone…

¿Qué haces después de clase? — Los martes y jueves trabajo en un restaurante.

Los domingos vemos películas en casa.　　Los miércoles veo a la profesora Paula.

¿Sabes la dirección del profesor López?　　No conocemos Barcelona.

　　saber は知識や情報を持っているから知っている　　conocer は経験を通して知っている

5   Ejercicios y actividades

1 日本語に合うように（　　　　）に人称代名詞を入れましょう．

Escribe los pronombres de complemento directo e indirecto.

1) ここで<u>きみを</u>待ってるよ．（　　　）espero aquí.

2) <u>君たちを</u>手伝おうか？　　¿(　　　) ayudamos?

3) サラは<u>僕に</u>毎日メールを送ってくる．Sara (　　　) manda mensajes todos los días.

4) <u>きみに</u>コンサートのチケットを2枚あげるよ．（　　　）doy dos entradas del concierto.

5) 土曜日にアントニオが<u>私たちを</u>たずねてくる．Antonio (　　　) visita el sábado.

2 動詞を主語に合わせて活用させ，直接目的語に波線，間接目的語に点線を引きましょう．

Conjuga los verbos y subraya los complementos directo e indirecto.

1) Moe nos (presentar　　　　　　) a Jaime.

2) ¿Me (tú/ oír　　　　　)? — Sí, te (oír　　　　　) bien.

3) Los domingos Jaime (ver　　　　　) a sus padres.

4) Siempre (yo / poner　　　　　) la llave aquí.

5) ¿Qué (vosotros / hacer　　　　　) esta noche?

3 人称代名詞を使って，答えの文を完成させましょう．

Completa la respuesta usando los complementos.

1) ¿Sabes el número de móvil de Carmen? — No, no ＿＿＿＿＿ ＿＿＿＿＿＿.

2) ¿Quién hace la comida los domingos?　— Yo ＿＿＿＿＿ ＿＿＿＿＿.

3) ¿Conoces a María?　　　　　　　　— No, no ＿＿＿＿＿ ＿＿＿＿＿＿.

4) ¿Me dejas el diccionario?　　　　　— Sí, ＿＿＿＿＿ ＿＿＿＿ dejo.

5) ¿Das las flores a María?　　　　　— Sí, ＿＿＿＿＿ ＿＿＿＿ doy.

4 会話 絵を見てそれぞれの曜日にすることをたずね，枠内の語を使って答えましょう．Preguntaos.

例) ¿Qué haces el lunes? — Toco la guitarra.

ver DVDs

tocar la guitarra

hacer la compra

comer con la familia

estudiar español

salir con amigos

trabajar en un
　　restaurante

★ 西和辞典で，動作や行為を表す語を探してみましょう．

5 リスニング 音声を聞いて，下線部を埋めましょう．Escucha la audición y completa los espacios.

Hola, soy Raúl, soy peruano, soy estudiante de Sociología. Durante la semana estoy muy ocupado. Todos los días por la mañana estudio en la universidad. Los _____ y _____ por la tarde trabajo en un restaurante. Los miércoles _____ la compra en el supermercado. A veces, los _____ por la noche _____ con mis compañeros. Los sábados _____ _____ estudio en la biblioteca. _____ _____ normalmente como con mi familia en casa.

Sociología: 社会学　durante: 〜の間　A veces: ときどき　compañero: クラスメート

★ あなたの 1 週間についてスペイン語で書いてみましょう．Escribe qué haces durante la semana.

🔊 **基本単語　月，四季** Los meses y las cuatro estaciones
32

primavera / marzo / abril / mayo

otoño / septiembre / octubre / noviembre

verano / junio / julio / agosto

invierno / diciembre / enero / febrero

異文化リテラシー　**日曜日はゆったりと**

　日本では日曜日というと，買い物や遊び，スポーツなど，普段できないことを活発にする人も多いですが，スペインでは日曜日は休息日，家族でゆったりと過ごすのが基本です．都市部を離れると，日曜日はパン屋さんや新聞スタンドなど，限られた商店以外はしまっていて，「日曜日に買い物」はできないことも多いのです．毎週末，おじいちゃん，おばあちゃんを訪ねる家族も多く，100 キロや 200 キロの距離なら車で気軽に出かけます．週末は，ちょっと離れた海や山に持っている casa de verano（別荘）でのんびり過ごすという人もいます．

おしゃべりがはずむ昼食（スペイン）

ミニ読書案内　📖『ヨーロッパ読本　スペイン』（碇順治 編／河出書房新社）　📖『黄色い雨』（フリオ・リャマサーレス 著／木村榮一 訳／河出書房新社）

Lección

6

seis

Vamos a Disneylandia.

不規則動詞 II / tener, ir を使った表現 / 所有形容詞 / 天候の表現

Diálogo 6

33

Jaime: **Tengo dos entradas de Disneylandia.**
¿Vamos a ir juntos?

Moe: ¡Qué bien!

Jaime: ¿Sabes cómo vamos?

Moe: **Normalmente voy en tren** pero también hay un autobús. Sale cerca de tu casa.

Jaime: Entonces, vamos en autobús.

キーフレーズ 1

Tengo <u>dos entradas de Disneylandia</u>. ディズニーランドのチケットを 2 枚持ってるんだ.

★ 下線部を下記の語にかえて言ってみましょう.

una cámara / una guía / el billete / unas gafas de sol

キーフレーズ 2

Normalmente voy en <u>tren</u>. 普通は電車で行くわ. 交通手段は冠詞をつけずに〈en＋乗り物〉で表す.

★ 下線部を下記の語にかえて言ってみましょう. 歩いていく場合は en tren のかわりに a pie

| bicicleta | metro | coche | autobús | barco | avión |

天候の表現　El tiempo

¿Qué tiempo hace? — Hace buen tiempo. / Hace mal tiempo.

hacer の 3 人称単数形　主語はなし

Hace sol.　Hace calor.　Hace frío.　Llueve.　Nieva.

llover の 3 人称単数形　nevar の 3 人称単数形

34

□1 **不規則動詞 II**　Otros verbos irregulares

tener　持っている	
tengo	tenemos
tienes	tenéis
tiene	**tienen**

venir　来る	
vengo	venimos
vienes	venís
viene	**vienen**

ir　行く	
voy	**vamos**
vas	**vais**
va	**van**

decir　言う	
digo	decimos
dices	decís
dice	**dicen**

¿Cuántos años tienes? — Tengo diecinueve años.

　量を問う疑問詞 cuánto は，名詞の性と数に合わせて変化

¿Tienes hermanos? — Sí, tengo un hermano.

Tengo hambre / sed / sueño / calor / frío.　お腹がすいた／喉が渇いた／眠たい／暑い／寒い

Ella no viene a clase hoy.　終着点を表す前置詞 a

Jaime viene a Japón a estudiar la historia japonesa.　2番目の a は目的を表す前置詞

Dicen que hace mucho calor hoy.

□2 **tener, ir を使った表現**　La perífrasis de TENER e IR

1) 〈tener que＋不定詞〉　〜しなければならない（義務）

Tenemos que llegar al aeropuerto dos horas antes de la salida.

No tienes que reservar de antemano.　否定文だと「〜しなくてもよい」の意味

2) 〈ir a＋不定詞〉　〜するつもりである（近い未来）

Voy a ir a España en las vacaciones de primavera.

Vamos a comprar un helado.

　〈vamos a＋不定詞〉は「〜しましょう」の意味になるときもある

□3 **所有形容詞**　Los posesivos

	男性単数	女性単数	男性複数	女性複数
私の	**mi** profesor	**mi** profesora	**mis** profesores	**mis** profesoras
きみの	**tu** profesor	**tu** profesora	**tus** profesores	**tus** profesoras
彼の	**su** profesor	**su** profesora	**sus** profesores	**sus** profesoras
私たちの	**nuestro** profesor	**nuestra** profesora	**nuestros** profesores	**nuestras** profesoras
君たちの	**vuestro** profesor	**vuestra** profesora	**vuestros** profesores	**vuestras** profesoras
彼らの	**su** profesor	**su** profesora	**sus** profesores	**sus** profesoras

所有形容詞は，後にくる名詞の性数によって変化します．

Mis tíos viven en Nagasaki con sus hijos.

Nuestra profesora viene a la universidad en coche.

6　Ejercicios y actividades

1　(　　)の動詞を主語に合わせて活用させ，全文を和訳しましょう.
　　Conjuga los verbos correctamente y traduce al japonés.

1) Yo (tener ＿＿＿＿＿＿＿＿) un perro. El perro (tener ＿＿＿＿＿＿＿＿) nueve años.

2) Kana (venir ＿＿＿＿＿＿＿＿) a la universidad en tren y bicicleta.

3) Hoy (venir ＿＿＿＿＿＿＿＿) mis abuelos a casa.

4) ¿Qué (decir ＿＿＿＿＿＿＿＿) el periódico?

5) (Ellos / ir ＿＿＿＿＿＿＿＿) a Koshien a ver un partido de béisbol.

6) (Nosotros / ir ＿＿＿＿＿＿＿＿) a hacer una fiesta.

7) (Tú / tener ＿＿＿＿＿＿＿＿) que dar prisa, o (ir ＿＿＿＿＿＿＿＿) a llegar tarde.

8) Mi hermano (ir ＿＿＿＿＿＿＿＿) a viajar por España en verano.

2　所有形容詞を入れましょう. Escribe los posesivos.

1) 私の (　　　　　　　　) padres 　　2) 私たちの (　　　　　　　　) universidad

3) きみの (　　　　　　　　) hermano 　　4) 君たちの (　　　　　　　　) abuelos

5) Jorge da un paseo con 彼の (　　　　　　　) perro.

6) María y Paula nos invitan a 彼女たちの (　　　　　　　　) casa.

3　会話　「どこに行くの?」とたずね，a のあとに絵の語を入れて答えましょう.
　　　　Preguntaos siguiendo el ejemplo.

例) ¿A dónde vas? — Voy a casa.

casa　　el cine　　la oficina　　la fiesta　　la playa　　la montaña

4　会話　「どうしたの?」とたずね，絵の語を入れて答えましょう. Preguntaos siguiendo el ejemplo.

例) ¿Qué te pasa? — Tengo sueño.

sueño　　hambre　　sed　　fiebre　　calor　　frío

5 リスニング 音声を聞いて下線部を埋めましょう. Escucha la audición y completa los espacios.

En el norte de Japón hace _____ en invierno. En _____ nieva. _____ un festival
de la nieve.

En primavera _____ buen tiempo. Florecen los cerezos, por eso, mucha gente visita
Kioto. Después de _____ llega la temporada de lluvias. Hace mucho _____.

En _____ hace fresco y es muy bonito mirar el cambio de los colores de los árboles.

norte: 北部　festival de la nieve: 雪まつり　Florecen los cerezos: 桜の花が咲く　gente: 人々 (集合名詞)

temporada de lluvias: 梅雨　hace fresco: 涼しい　mirar: 見る　cambio: 変化　colores: 色

★ あなたの好きな季節についてスペイン語で書いてみましょう. Escribe sobre una estación que te guste.

基本単語　頻度　La frecuencia

異文化リテラシー　ジャガイモのふるさとは？

　野菜の中には，ラテンアメリカ生まれのものがあるのを
知っていますか？　トウモロコシや，チョコレートの原料
であるカカオはメキシコ，ジャガイモやトマトはアンデス
地方が原産です．トウモロコシやジャガイモといっても，
さまざまな色や大きさのものがあります．トウモロコシは，
日本の米同様，信仰や文化と深くかかわっている作物です．
　アンデス地方では，ジャガイモを凍らせて乾燥させた
チューニョという保存食もあります．

ペルーの市場

ミニ読書案内　📖『20世紀ラテンアメリカ短篇選』（野谷文昭 編訳／岩波書店）📖『世界遺産になった食文化
4　マヤ文明から伝わるメキシコ料理』（服部津貴子 編／WAVE出版）

ステップアップ文法 3

1 たくさん mucho と少し poco　Mucho y poco como adjetivo y adverbio

1) 名詞の前にくる mucho と poco

どんな名詞だと複数形になり，どんな名詞だと単数形になるでしょうか.

Hay **muchas** manzanas.

たくさんリンゴがある.

Hay **pocas** manzanas.

リンゴが少ししかない.

Él tiene **mucho** dinero.

彼はお金をたくさん持っている.

Él tiene **poco** dinero.

彼はお金を少ししか持っていない.

名詞の前にくる mucho と poco は形容詞なので，名詞の性と数に合わせて変化します.

名詞は，数えられる名詞なら複数形，数えられない名詞なら単数形になります.

2) 動詞の後にくる mucho と poco

Leemos **mucho**.　私たちはたくさん本を読む.

Alex come **poco**.　アレックスは少ししか食べない.

動詞の後にくる mucho と poco は副詞なので，形は変化しません.

2 所有形容詞後置形　los posesivos

名詞の性数に合わせて変化します. 前置形は p. 35

私の	（男性）mío　（女性）mía		私たちの	（男性）nuestro　（女性）nuestra	
きみの	tuyo	tuya	君たちの	vuestro	vuestra
彼の	suyo	suya	彼らの	suyo	suya

1) 〈(不定冠詞・指示詞)＋名詞＋後置形〉「～の」

2) 〈ser＋後置形〉「～のもの」

3) 〈定冠詞＋後置形〉（前に出てきたものを指し）「～の」（所有代名詞）

Esta noche viene un amigo mío.　今晩私の友達が来る.

Estos zapatos no son míos.　この靴は私のではない.

¿Esta gorra es tuya?　この帽子はきみのもの？

— No, la mía está aquí en el bolsillo.　違うよ. 私のはここ，ポケットにあるよ.

3 時を表す表現　Expresiones temporales

1) mañana, tarde, noche

Hago ejercicios **por la mañana / tarde / noche**.　私は午前中 / 午後 / 夜，エクササイズをする.

Mi madre es enfermera y vuelve a casa **a las 8 de la mañana**.　母は看護師で，朝8時に帰宅する.

　　　時刻につくときは，por ではなく de になる

2) 月と四季

El cursillo tiene lugar **en octubre**.　その講習会は10月に開催される.

Aquí hay muchos turistas **en verano**.　ここは夏，旅行者がたくさんいる.

　　　〈en＋月，季節〉となり，冠詞はつかない

Voy a la playa con mis amigos **este verano**.　今年の夏，私は友だちと海に行く.

　　　este（今年の，この）がつくと，en はつかない

3) 曜日

Hay un examen **el miércoles**.　水曜日に試験がある.　一番近い「その〜曜日に」

Limpio mi habitación **los sábados**.　私は毎土曜日に部屋を掃除する.　毎週なら複数形

★ 和訳しましょう. Traduce al japonés.

1. El avión para Los Angeles sale mañana por la noche.　mañana は副詞だと明日，名詞だと朝の意味

2. Ellos nadan cinco horas todos los días.

3. La tienda está abierta todo el día.

Más vocabulario　Las tiendas

Más ejercicios

1 スペイン語にしましょう．¿Cómo se dice en español?

1) 君たちはパウラ(Paula)先生を知ってる？

2) きみはハイメの住所を知ってる？

3) あなた方はハビエル(Javier) に手紙を書きますか？

4) 今日は父の日です．私と姉は父に本をプレゼントします．

5) カルロス(Carlos)は毎日(todos los días)自転車で大学に通っています．

6) ロドリゲス(Rodríguez)先生は朝8時に大学に来ます．

7) 午後雨が降るらしい(Dicen que を使って)．

8) 水曜日，親が出かけ，私は家で留守番をしないといけない(留守番をする：estar en casa)

9) あなたはお腹がすいていますか？　ここでお昼にしましょうか？

10) 日曜日私はコート(un abrigo)を買う予定です．

2 トライ！ 3　辞書を使って読み，内容に合っていればV，違っていればFで答えましょう．
Lee y responde Verdadero (V) o Falso (F).

水道橋

Segovia está en la comunidad autónoma de Castilla y León. Es una ciudad muy antigua y bonita. La parte vieja y el Acueducto son Patrimonios de la Humanidad desde 1985. El Acueducto es una construcción de los romanos y es el símbolo de la ciudad. Tiene 818 metros de longitud y 29 metros de altura. El Alcázar también es precioso. Es un castillo, situado sobre una roca entre los ríos Eresma y Clamores. Segovia está cerca de Madrid. Si subimos al tren en Madrid, llegamos en media hora.

la comunidad autónoma de Castilla y León: カスティーリャ・イ・レオン州　la parte vieja: 旧市街 Patrimonios de la Humanidad: 世界遺産　longitud: 長さ　los ríos Erasma y Clamores: エラスマ川とク ラモーレス川

1) Segovia es una ciudad antigua y hermosa.　　　(　)

2) Segovia es Patrimonio de la Humanidad desde 1895.　　(　)

3) El Acueducto es el símbolo de la ciudad.　　　(　)

4) El Alcázar está entre dos ríos.　　　(　)

5) Segovia está lejos de Madrid.　　　(　)

アルカサル

★ セゴビア行の切符です．次の項目を探して，スペイン語で書きだしましょう．

Es un billete para Segovia. Anota los siguientes datos en español.

Localizador: XXXXXXX

Num. Billete: XXXXXXXXXX

renfe

Tarifa PROMO+

Salida	MADRID-CH.	03/09/2020	13:00
Llegada	Segovia	03/09/2020	13:30
ALVIA	4325	Turista	
Coche	4	Plaza: 15A	

Total: 13,00 € IVA(10%) 1,16 €
Gastos de gestión 0.00 €

1) 乗車日　　　　　　　　2) 出発駅

3) 発車時刻　　　　　　　4) 到着駅

5) 到着時刻　　　　　　　6) 列車名

7) 号車　　　　　　　　　8) 座席番号

3 リスニング　モエがマドリードで地下鉄に乗っています．音声を聞いて，質問に答えましょう．Moe está en el metro de Madrid. Escucha la audición y contesta a las preguntas.

1) ¿A dónde va Moe?

2) ¿En qué estación baja?

3) ¿Qué va a ver en el museo?

bajar: 降りる

城壁に囲まれたトレドの街（スペイン）

クエンカの宙づりの家
（スペイン）

（左上）マドリードのアトーチャ駅
（左下）高速鉄道 AVE

Quiero hacer deporte.

不規則動詞Ⅲ（語幹母音変化動詞）/
不定詞と目的語人称代名詞 / 指示形容詞

38

Diálogo 7

Jaime: Hoy hace buen tiempo. **Quiero hacer deporte**.

Moe: **¿Jugamos al tenis esta tarde?**

Jaime: ¡Es una buena idea! Pero ¿dónde?

Moe: Podemos usar las canchas de la universidad
desde las cuatro hasta las nueve.

Jaime: ¿Dónde están?

Moe: **Están detrás de aquel edificio**.

キーフレーズ 1

Quiero <u>hacer deporte</u>.　僕はスポーツをしたい.

★ 下線部を下記の語句にかえて，言ってみましょう.

ir al cine　　　viajar por Europa　　probar la comida peruana　preguntar una cosa

キーフレーズ 2

¿Jugamos <u>al tenis</u> esta tarde?　今日の午後，テニスする？

★ 下線部を次のスポーツにかえて，言ってみましょう.

el baloncesto / el béisbol / el fútbol / el tenis de mesa (el ping pong) / el voleibol

キーフレーズ 3

Están detrás de aquel <u>edificio</u>.　あの建物の後ろにあるの.

★ 下線部を下記の語に言いかえ，正しい指示形容詞を選んで言ってみましょう.

Están detrás de (aquel　aquella　aquellos　aquellas) iglesia.

(aquel　aquella　aquellos　aquellas) pisos.

(aquel　aquella　aquellos　aquellas) estación.

(aquel　aquella　aquellos　aquellas) casas.

39

1 不規則動詞Ⅲ （語幹母音変化動詞） Verbos con cambio vocálico

e → ie 型　querer 欲しい

quiero	queremos
quieres	queréis
quiere	quieren

empezar　pensar

cerrar　entender

o → ue 型　poder できる

puedo	podemos
puedes	podéis
puede	pueden

volver　costar

dormir

e → i 型　pedir 頼む

pido	pedimos
pides	pedís
pide	piden

repetir　servir

太字の部分が不規則

Quiero agua.　　　　　　　Quiero conocer a tu prima.

No puedo salir esta noche.

No entiendo esa palabra. ¿Qué significa?

¿Generalmente cuántas horas duermen ustedes?

Mis hermanos a veces vuelven a casa muy tarde.

Yo pido un café con leche. ¿Y tú? ¿Qué vas a pedir?

¿Juegas al tenis? — No, no juego al tenis.

jugar は u → ue となる

2 不定詞と目的語人称代名詞　El infinitivo y los pronombres personales de complemento

不定詞が目的語人称代名詞を伴う場合は，活用している動詞の前に置くか，不定詞の後ろにつけて
1語にします.

¿Dónde puedo poner mi maleta? — **La** puedes poner aquí. (=Puedes poner**la** aquí.)

¿Tienes el billete de tren? — No, pero **lo** voy a comprar el sábado. (=pero voy a
comprar**lo** el sábado.)　どちらの位置でも意味のちがいはない

3 指示形容詞　Los demostrativos

	男性単数	女性単数	男性複数	女性複数
この	**este** profesor	**esta** profesora	**estos** profesores	**estas** profesoras
その	**ese** profesor	**esa** profesora	**esos** profesores	**esas** profesoras
あの	**aquel** profesor	**aquella** profesora	**aquellos** profesores	**aquellas** profesoras

指示形容詞は，後にくる名詞の性数によって変化します.

Esta tienda cierra a las siete de la tarde.　　　　¿Conocéis a esa chica?

¿Quién es aquel jugador fantástico?

7 | Ejercicios y actividades

1 （　　　　）の中の動詞を主語に合わせて活用させ，全文を和訳しましょう.

　　Conjuga los verbos correctamente y traduce al japonés.

1) Hace mucho calor. (Yo / querer 　　　　　　　　　) beber agua.

2) ¿Me (tú / entender 　　　　　　　　)?

3) Hace frío. ¿(Yo / cerrar 　　　　　　　) las ventanas?

4) (Yo / pensar 　　　　　　　) que la oficina de turismo está en la plaza.

5) El concierto (empezar 　　　　　　　) a las siete en punto.

6) Si tomamos este tren, (poder 　　　　　　　) llegar a tiempo.

2 あてはまる指示形容詞を入れましょう. Escribe los demostrativos.

1) この (　　　　　　　) casa　　　　2) この (　　　　　　　) calle

3) これらの (　　　　　　　) libros　　4) その (　　　　　　　) camiseta

5) その (　　　　　　) gafas　　　　　6) あの (　　　　　　) hombres

3 会話 「～できますか(してくれますか)」とたずねて，「もちろん」と答えましょう.

　　Preguntaos siguiendo el ejemplo.

例）¿Puedes hablar ahora? — Sí, claro.

hablar ahora　　　　abrir la puerta　　　cuidar mis perros　　　decirme otra vez

4 会話 次の表を見て，値段をたずねて，答えましょう. Pregunta el precio y responde.

例）¿Cuánto cuesta esa camiseta? — Cuesta 50 euros.

　　　¿Cuánto cuestan estos zapatos? — Cuestan 28 euros.

	este / esta	ese / esa	aquel / aquella
libro	12 ユーロ	15 ユーロ	40 ユーロ
camiseta	6 ユーロ	50 ユーロ	11 ユーロ
zapatos	28 ユーロ	76 ユーロ	69 ユーロ

5 リスニング モエとハイメが兄弟について話しています．音声を聞いて，下線部を埋めましょう．
40
　　Escucha la audición y completa los espacios.

Jaime: ¿Moe, dónde vive tu familia?

Moe: ＿＿＿＿＿＿ ＿＿＿＿＿ viven en Shizuoka con ＿＿＿＿＿ ＿＿＿＿＿.

Jaime: ¿No tienes ＿＿＿＿＿＿?

Moe: Sí, ＿＿＿＿＿ una ＿＿＿＿＿, pero ahora vive en Tokio. Es estudiante de universidad.

Jaime: Yo tengo dos hermanos. Uno de ellos vive en Santander en casa de ＿＿＿＿＿＿ ＿＿＿＿＿. Ella tiene una casa muy grande. Allí están mis abuelos y ＿＿＿＿＿ primos.

uno de ellos: 彼ら（兄弟）のうちのひとり

基本単語　家族　La familia
41

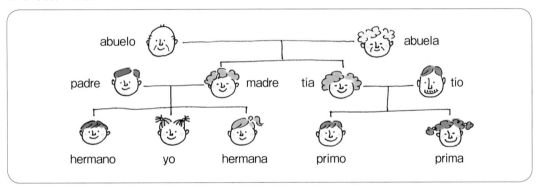

異文化リテラシー　町の中心は？

　日本の町では，駅を中心に繁華街が広がっていることが多いですが，スペイン語圏ではどうでしょうか．鉄道の駅は町はずれにあり，町は，教会や大聖堂を中心に広がっているのがふつうです．そして人々が集う中心となっているのが，教会のそばにある広場 plaza です．

　マドリードのマヨール広場，バルセロナのカタルーニャ広場，メキシコのソカロなど，広場のまわりは，まさに町の中心街 el centro となっています．

マドリードのマヨール広場

セビージャのエンカルナシオン広場

サンティアゴのアルマス広場（チリ）

ミニ読書案内　📖『スケッチで旅するスペイン』（中内渚 著／エディマン）

45

Aquí nos lavamos las manos.

再帰代名詞を伴う動詞 / 不定詞と再帰代名詞

42

— **Diálogo 8** —

Moe: Normalmente aquí **nos lavamos las manos**.

Jaime: ¡Qué silencio!

Moe: Dentro del templo no podemos hablar en voz alta.

Jaime: ¿Vamos a entrar aquí?

Moe: Sí, pero antes de entrar nos quitamos los zapatos.

Jaime: Ay, perdón. ¿Los dejamos aquí?

Moe: No, los llevamos en esta bolsa. Vamos a sentarnos frente a la imagen de buda.

Jaime: ¿Pero dónde?

Moe: **Nos sentamos sobre el** *tatami* **a la manera japonesa**.

キーフレーズ１

Nos lavamos <u>las manos</u>.　私たちは手を洗います.

★ 下線部を下記の語にかえて，言ってみましょう．洗う部分を表す語には定冠詞をつける

| el pelo | la cara | los dientes | los ojos | los pies |

キーフレーズ２

<u>**Nos sentamos**</u> **sobre el** *tatami*.　私たちは畳の上に座ります.

★ 主語をかえて再帰代名詞を補い，声に出して言ってみましょう.

Yo _____ siento sobre el *tatami*.

Tú _____ sientas sobre el *tatami*.

Usted _____ sienta sobre el *tatami*.

Ana _____ sienta sobre el *tatami*.

Vosotros _____ sentáis sobre el *tatami*.

Ellos _____ sientan sobre el *tatami*.

43

1 再帰代名詞を伴う動詞　Verbos reflexivos

その行為が自分自身に帰ってくると考えられる行為は再帰代名詞を伴った動詞で表します．再帰代名詞とは，主語に合わせた形をとる代名詞で，動詞の直前に置きます．原形は〜se となり，再帰代名詞を伴うと，動詞の意味がさまざまにかわります．→ p. 51

Yo me levanto.　私は私を起こす → 私は起きる．　Yo te levanto.　私はきみを起こす．

原形は levantarse　　　　　　　　　　　　　　　原形は levantar

levantarse　起きる

yo	**me** levanto	nosotros / nosotras	**nos** levantamos
tú	**te** levantas	vosotros / vosotras	**os** levantáis
él, ella, usted	**se** levanta	ellos, ellas, ustedes	**se** levantan

3 人称が se になる以外，再帰代名詞は目的語人称代名詞と同じ．

用法 1　「自分を〜する」

再帰代名詞が，主語の直接目的語の働きをします．

levantarse　　acostarse　　ducharse　　bañarse　　llamarse　　vestirse

acostar, vestir は語幹母音変化動詞 → p. 43

¿Cómo se llama usted?

¿Normalmente te duchas o te bañas?

用法 2　「自分に〜する」

再帰代名詞が，主語の間接目的語の働きをします．

lavarse　　ponerse　　quitarse

poner は 1 人称単数形が不規則な動詞 → p. 31

En el colegio los niños se lavan las manos antes de comer.

Hoy hace frío. ¿No te pones el abrigo?

否定文では no を再帰代名詞の直前に置く

2 不定詞と再帰代名詞　El infinitivo y el pronombre del verbo reflexivo

文中に不定詞が出てくるときは，〜se の se の部分を主語に合わせます．再帰代名詞は活用している動詞の前に置くか，不定詞の後ろにつけて 1 語にします

Me tengo que **levantar** mañana a las cinco.　(=Tengo que **levantarme** mañana a las cinco.)

levantarse の主語は yo なので se を me にかえる

Ellos **se** quieren **duchar** antes de salir.　(=Ellos quieren **ducharse** antes de salir.)

47

8   Ejercicios y actividades

1 （　　　）の動詞を主語に合わせて活用させ，全文を和訳しましょう.

Conjuga los verbos correctamente y traduce al japonés.

1) ¿Cómo (llamarse   ) usted?

2) Mis padres siempre (levantarse   ) muy temprano.

3) ¿Vosotros no (quitarse   ) los zapatos al entrar en casa?

4) Nosotros (lavarse   ) los dientes después de desayunar.

5) Como tengo fiebre, hoy no (bañarse   ).

6) ¿A qué hora (acostarse   ) los niños?

7) Entramos en una cafetería y (sentarse   ).

8) En verano (yo / ducharse   ) dos veces al día.

2 再帰代名詞を適切な形にし，全文を和訳しましょう.

Escribe la forma correcta del pronombre reflexivo y traduce al japonés.

1) ¿Quiere (bañarse   ) antes de cenar?

2) ¿Podemos (quitarse   ) la corbata?

3) Ellos tienen que (levantarse   ) mañana a las cinco.

4) Vamos a salir. ¿Quieres (quedarse   ) en casa?

5) Voy a (ponerse   ) este vestido. ¿Y tú ? ¿Qué te vas a poner?

3 会話 朝食の前にすることを言ってみましょう. Explica qué hace antes de desayunar.

例) ¿Qué hace Carmen antes de desayunar? — Se maquilla.

Carmen	José	Maite	María	Juan y su hermano

maquillarse	afeitarse	ponerse las lentillas	lavarse la cara	vestirse

4 会話 生活習慣について質問しあいましょう. Pregunta a tu compañero.

1) （女性に）¿Todos los días te maquillas? / （男性に）¿Todos los días te afeitas?

2) ¿Normalmente te duchas o te bañas?

3) ¿Cuántas veces al día te lavas los dientes?

4) ¿Normalmente a qué hora te acuestas?

5) ¿Te levantas tempranо o tarde los domingos?

🔊 **5** [リスニング] 音声を聞いて，下線部を埋めましょう．Escucha la audición y completa los espacios.
44

De lunes a viernes Moe _____ _____ a _____ _____ de la

mañana, se ducha, _____ _____ y desayuna arroz y sopa de miso. Luego

_____ _____ y se maquilla. Sale de casa a las ocho

y media. Va a la universidad en bicicleta. Tarda 20 minutos. Normalmente _____

_____ _____ por la mañana y una por la tarde. A las doce y cuarto,

_____ _____ sus _____ en el comedor de la universidad. Por la

tarde estudia en la biblioteca. Vuelve a casa a las siete, _____ _____ y cena

con su madre. _____ las _____ de la noche.

Luego：その後　Tarda 20 minutos：20 分かかる　comedor：食堂

★ あなたの一日をスペイン語で書いてみましょう．Escribe sobre tu día.

🔊 **基本単語　色　Los colores**
45

| negro | blanco | gris | rojo | amarillo | azul | verde | marrón | rosa |

[異文化リテラシー]　**ハロウィーンと死者の日**

　秋になると日本では，アメリカの風習であるハロウィーンのカボチャが街をにぎわしますが，メキシコに行くとどこでも見かけるのがガイコツです．ガイコツは死者の象徴．11 月 1 日，2 日はメキシコでは「死者の日 Día de muertos」を祝い，日本のお盆のように，亡くなった人の魂が帰ってくると考えられています．ガイコツといっても暗さはなく，陽気で楽しげなのがメキシコ流．お墓や，家の中にしつらえた祭壇に，マリーゴールドのオレンジの花やガイコツの飾り，故人が好きだった食べ物や飲み物などをそなえます．

そなえ物をした祭壇

楽しいガイコツ人形

マリーゴールドを飾る

ミニ読書案内　📖『おばあちゃんのちょうちょ』（ヨース 文／ジゼル・ポター 絵／ふくもとゆきこ 訳／BL 出版）
　　　　　　　📖『列車はこの闇をぬけて』（ディルク・ラインハルト 作／天沼春樹 訳／徳間書店）

ステップアップ文法4

① 不定詞を使った動詞の表現　Las perífrasis

動詞と前置詞と不定詞を組み合わせた便利な表現をおぼえ，使ってみましょう.

1) 〈**ir a** + 不定詞〉（近い未来）〜するつもりだ. 〜するだろう.（1人称複数で）〜しましょう

Él **va a** jugar en el próximo partido.　彼は次の試合でプレーするだろう.

Vamos a poner música.　音楽をかけよう.

2) 〈**tener que** + 不定詞〉〈**hay que** + 不定詞〉〜しなければならない

Tienes que entregar el trabajo enseguida.　きみはすぐにレポートを出さなければならない.

Hay que respetar la naturaleza. 自然を大切にしなければならない.　一般に「誰でも」なら hay que

3) 〈**poder** + 不定詞〉〜できる，〜してもよい，〜してもらえませんか

¿Se **puede** pagar con tarjeta?　カードで払えますか？

¿**Podemos** entrar? —Sí, adelante.　入ってもいいですか？— どうぞ.

4) 〈**querer** + 不定詞〉〜したい，〜しませんか，してもらえませんか

Quiero descansar un poco.　私はちょっと休みたい.

¿**Quieres** comer con cubiertos?　ナイフとフォークで食べる？　cubierto はナイフ，フォーク，スプーン類の総称

5) 〈**empezar a** + 不定詞〉〜し始める

El autobús **empieza a** moverse.　バスが動き始める.

6) 〈**volver a** + 不定詞〉再び〜する

Vuelvo a llamarte después.　あとでもう一度きみに電話する.

7) 〈**pensar** + 不定詞〉〜しようと思う

¿Cuánto tiempo **piensas** estar en Japón?　どのくらい日本にいようと考えているの？

② 指示詞　Los demostrativos

p. 43 で学んだ指示形容詞は，名詞を伴わずに，指示代名詞として単独でも使われます.

Este vino es de España y <u>este</u> es de Chile.

este＝este vino

Esa cava es de España y <u>aquella</u> es de Italia.

aquella ＝aquella cava

男性か女性かわからない未知のものを指すときや，抽象的なことを指すときは，esto, eso, aquello という中性形が用いられます.

¿Qué es esto?　これは何ですか？

Esto es todo.　これで全部だ.

Eso no puede ser.　それはありえない.

3 再帰代名詞を伴う動詞のその他の用法　Otros usos del verbo reflexivo

1) 互いに〜する

Nos ayudamos.　私たちは助け合う.

María y José se quieren.　マリアとホセは愛し合っている.

　主語は必ず複数形

2) ニュアンスがかわる irse

Mañana tengo que madrugar. Así que me voy.　— ¿Ya te vas?

明日朝が早いから，もう行くよ. ―もう帰るの？

El sol se va.　太陽が沈む.　　Las estrellas se van.　星が消えてしまう.

　ir:（目的地へ向かって）行く　irse: その場から立ち去る，いなくなる

4 その他の se　SE impersonal y SE pasivo

1) ［3 人称単数形で］一般に人々は〜する

Aquí no se puede comer.　ここでは食べられません.

En Japón se conduce por la izquierda.　日本では車は左側通行です.

2) ［3 人称単数・複数で］〜される（受け身）

¿Dónde se vende ese bolso?　そのバッグはどこで売られていますか？

Aquí se producen las mejores cerezas de Japón.

ここで，日本で最も高品質のさくらんぼが生産されています.

Más vocabulario　La ropa y accesorios

Más ejercicios

1 スペイン語にしましょう. ¿Cómo se dice en español?

1) 授業の後バスケットボールをしようか？

2) あの緑の帽子はいくらですか？

3) 私の兄はいつも遅くに帰宅する.

4) 私たちはこの夏スペインを旅したい.

5) 暑いですね. エアコン (el aire acondicionado) をつけてもいいですか？

6) これは何ですか？—電子辞書 (un diccionario electrónico) です.

7) 日本では玄関 (en la entrada) で靴を脱ぎます.

8) 私の祖父はいつも早起きです.

9) 食事の前に手を洗いましょう.

10) 喉が渇きました. あそこでミネラルウォーター (agua mineral) が買えますか？

2 トライ！ 4 　スペインのある美術館の観覧案内を辞書を使って読み，質問に答えましょう.
Lee la información de un museo en España y contesta a las preguntas.

■Horarios

Abierto: **Lunes** De 10 a 17 h

De martes a domingo De 9 a 20.30 h

Jueves De 9 a 21.30 h (Incluidos los festivos)

Cerrado: **1 de enero　1 de mayo　13 de mayo　20 de mayo**

24 de junio　25 de diciembre

Reducido: **5 de enero** De 9 a 17 h

Gratuito: **Jueves por la tarde** de 18 a 21.30 h

El primer domingo de cada mes, de 9 a 20.30 h

12 de febrero, 18 de mayo y 24 de septiembre

■Entrada general

Colección: 12 €

Colección + exposición temporal: 14 €

Exposiciones temporales: 6,50 €

---

1) 春休みにスペインに行きます．無料で観覧できるのはいつでしょう．

2) 休館日はいつですか．

3) 常設展の観覧料はいくらですか．

★ バルセロナの次の場所の入場料や開館日，開館時間・営業時間をインターネットで調べてみましょう．

　Averigua el precio de la entrada y el horario de los siguientes sitios en Barcelona por internet.

1) Parque Güell   2) Casa Mila   3) Fnac (El Triangle)   4) Museo del FC Barcelona

グエル公園

カサ・ミラ

カサ・バトリョ

カテドラル

スペインの書店のコミック売り場

日本文学も人気

3 リスニング　音声を聞いて，聞いた色を書きましょう．

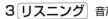

　　　　　Escucha la audición y escribe los colores que escuchas.

negro　blanco　gris　rojo　amarillo　azul　verde　marrón　rosa

1) ＿＿＿＿＿＿＿＿＿＿＿＿　　2) ＿＿＿＿＿＿＿＿＿＿＿＿

3) ＿＿＿＿＿＿＿＿＿＿＿＿　　4) ＿＿＿＿＿＿＿＿＿＿＿＿

5) ＿＿＿＿＿＿＿＿＿＿＿＿

Lección

9

nueve

Me gusta la naturaleza.

gustar 型動詞 / 比較表現

Diálogo 9

Moe: ¿Qué vas a hacer este sábado?

Jaime: Voy a hacer senderismo. **Me gusta la naturaleza.**

Moe: A mí también. ¿Conoces el monte Fuji?

Jaime: Sí, **es el más alto de Japón**, ¿verdad?

Moe: Sí. ¿Cuál es la montaña más alta de España?

Jaime: Es el monte Teide. Está en las Islas Canarias.

Moe: ¿Cuál es más alto, el monte Fuji o el Teide?

Jaime: Creo que **el monte Fuji es más alto que el Teide.**

キーフレーズ 1

Me gusta <u>la naturaleza</u>.　僕は自然が好きだ.

★ 下線部を下記の語にかえ,「私は～が好きです」と言ってみましょう.

el videojuego　　　　nadar　　　　ir de compras　　　bailar hip hop　　　ver películas

キーフレーズ 2

<u>El monte Fuji</u> es <u>el</u> más <u>alto</u> de Japón.　富士山は日本で一番高いです.

★ 主語を左の枠内の語にかえ,定冠詞と形容詞を選んで,最上級の文を作りましょう.

la torre Skytree	el	grande	主語の性に合わせて変化させる
el río Shinano	la	largo	
la isla Honshu		moderno	

キーフレーズ 3

<u>El monte Fuji</u> es más alto que <u>el Teide</u>.　富士山はテイデ山よりも高いです.

★ テイデ山は標高 3718 メートルです. 下線部を次の山にかえて比較の文を作りましょう.

el Everest (8848 m)　　　el Kilimanjaro (5895 m)　　　el Aconcagua (6960 m)

Gramática

1   gustar 型動詞   El verbo gustar

「私は××が好きだ」はスペイン語では,「××が私に好かれる」と表現します. つまり,動作の主体は間接目的人称代名詞 me, te, le… で表し,「好きなもの」が主語でとなります. interesar, encantar や doler もこのタイプの動詞です.

<table>
<tr><td colspan="3" align="center">主語が単数</td><td colspan="3" align="center">主語が複数</td></tr>
<tr><td>私</td><td>Me</td><td rowspan="6"></td><td>私</td><td>Me</td><td rowspan="6"></td></tr>
</table>

主語が単数

私	Me		
きみ	Te		
彼…	Le		el fútbol
私たち	Nos	gusta	
君たち	Os		viajar y hacer fotos
彼ら…	Les		

主語が複数

私	Me		
きみ	Te		
彼…	Le		
私たち	Nos	gustan	los deportes
君たち	Os		
彼ら…	Les		

ふつう主語は gustar の後ろに置く

¿Os interesa visitar el Museo del Prado?   Me encantan los niños.

Ya no me duele la cabeza.

原形は doler → p. 43

A mi madre le gustan los gatos.

le, les がだれかをはっきりさせるには,前に〈a+人〉を加える. → p. 62

2   比較表現   Comparativos

	Este edificio	es		alto.		
～より～だ	Este edificio	es	**más**	alto	**que**	ese.
					～より	=ese edificio → p. 50
～と同じくらい～だ	Este edificio	es	**tan**	alto	**como**	ese.
～の中で最も～だ	Este edificio	es	**el**	**más**	alto	**de** la ciudad.
			名詞に合わせた定冠詞を入れる			**del** país.
						del mundo.
						～の中で

形容詞に -ísimo をつけて「最も～だ」を表すこともできます.

Esta carne está buenísima.   Este examen es dificilísimo.

名詞に合わせて性数変化

9   Ejercicios y actividades

1 ( )の動詞を主語に合わせて活用させ，全文を和訳しましょう.
    Conjuga los verbos correctamente y traduce al japonés.

1) ¿Te (gustar   ) la comida picante? — Sí, me (encantar   ).

2) ¿Os (gustar   ) los perros?

3) Me (encantar   ) las frutas. Siempre las compro.

4) ¿Te (gustar   ) cocinar? — No, no me (gustar   ).

5) ¿Os (interesar   ) ver esta película? — Sí, ¿vamos a verla?

2 ( )に適切な語を入れて，比較の文を完成させ，全文を和訳しましょう.
    Completa la frase y traduce al japonés.

1) El vino chileno es (   ) barato que el español.

2) El fútbol es (   ) popular como el béisbol en Japón.

3) Esta es la fiesta más famosa (   ) España.

4) Mi hermana es tan alta (   ) tú.

5) Mi madre es (   ) más trabajadora de la familia.

3 会話   与えられた語を使って比較の文を作りましょう. Haz la frase siguiendo el ejemplo.

例) ¿Cuál es más alta, la torre roja o la verde? — La torre roja es más alta que la verde.

torre   perro   zapatos   camiseta

€100   €50

alto / bajo   gordo / delgado   caro / barato   grande / pequeño

4 リスニング   音声を聞いて下線部を埋めましょう. Escucha la audición y completa los espacios.

48

Ricardo vive con su abuelo, sus padres y sus dos hermanos. Su hermano Luis tiene 18 años, tiene muchos libros porque le _____ leer. Ricardo tiene 16 _____. Es _____ alto _____ Luis, y practica baloncesto en la escuela.

Su _____ Laura tiene 14 años. Le gusta mucho pintar y _____ música.

Sus padres, Miguel y Sonia son abogados. Su madre es muy activa. Le _____ _____ los deportes. _____ _____ _____ le gusta cocinar. Los domingos prepara ricas comidas para la familia.

Su _____ Manuel es simpatiquísimo y todos lo quieren mucho.

practicar: 行う   pintar: 絵を描く   abogado: 弁護士   activo: アクティブな   cocinar: 料理する
preparar ricas comidas: おいしい料理を準備する   todos: みんな

5 会話 「どうしたの?」とたずね，下の基本単語を使って，「〜が痛い」と答えましょう.

Preguntaos siguiendo el ejemplo.

例) ¿Qué te pasa? — Me duele la garganta.

49

基本単語　体の部分　El cuerpo

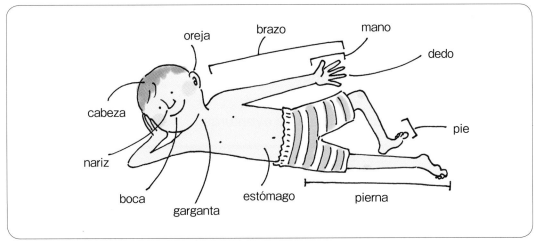

異文化リテラシー　**スペイン人は親子で姓が違う?**

　スペイン語圏では氏名を書くとき，姓 apellido を書く欄が 2 つあります．氏名が，〈名前＋父親の姓＋母親の姓〉という 3 部構成になっているからです．スポーツ選手や作家は，便宜的に一方の姓だけを名乗ることもありますが，正式には 2 つの姓を持っています．従って，親子でも姓が違うので注意!　スペインでは結婚しても女性がもとの姓を名乗る，夫婦別姓が普通です.

　さらに，2 語からなる名前もあります．たとえば，Juan だけ Ramón だけでも名前になりますが，Juan Ramón と 2 つつなげた名前もあるのです.

名前	1 つ目の姓	2 つ目の姓	
Mario	Vargas	Llosa	マリオ・バルガス＝リョサ
Juan Ramón	Jiménez		フアン・ラモン・ヒメネス

(上)昔の巡礼の要所「王妃の橋」

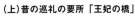

(左)スペインのサンティアゴ巡礼の道

バルでひと休み

ミニ読書案内　📖『エレンディラ』(G. ガルシア＝マルケス 著／鼓直，木村榮一 訳／筑摩書房)　📖『カモメに飛ぶことを教えた猫』(ルイス・セプルベダ 著／河野万里子 訳／白水社)

La compré ayer.

過去時制Ⅰ 点過去

50

Diálogo 10

Jaime: ¡Qué camiseta tan bonita!

Moe: Gracias. **La compré ayer**. Salí con Aya. Comimos un pastel rico en una cafetería agradable y charlamos toda la tarde. **Y tú, ¿qué hiciste?**

Jaime: **Fui al cine** y vi una película de aventuras.

キーフレーズ 1

La compré <u>ayer</u> 昨日（それを）買ったのよ.

★ 下線部を下記の語句にかえ，言ってみましょう.

anteayer   el martes pasado   la semana pasada   el mes pasado   hace tres años

キーフレーズ 2

Y tú, ¿qué hiciste? きみは何をした？

<u>**Fui al cine.**</u> 映画に行った.

★ Y tú, ¿qué hiciste? とたずね，下線部を絵の行為にかえて答えましょう.

hablar por Skype   ir a la biblioteca   trabajar tres horas   hacer la compra   preparar la cena
                    después de clase   en la cafetería   en el supermercado

基本単語　数字Ⅱ（1.000–）Los números Ⅱ
51

1.000 mil	20.000 veinte mil	1.000.000 un millón
2.000 dos mil	100.000 cien mil	2.000.000 dos millones
10.000 diez mil	200.000 doscientos mil	10.000.000 diez millones

tres millones de habitantes　millón は後にくる名詞を直接修飾できず de が必要

1997 mil novecientos noventa y siete　　2015 dos mil quince　mil は複数形も mil

10 Gramática

52

1 **過去時制Ⅰ 点過去** Pretérito indefinido

hablar

hablé	hablamos
hablaste	hablasteis
habló	hablaron

comer

comí	comimos
comiste	comisteis
comió	comieron

vivir

viví	vivimos
viviste	vivisteis
vivió	vivieron

-er 型, -ir 型は同じ活用

3 人称の活用のみ不規則な動詞 (-ir 動詞のみ)

servir　　　e → i

serví	servimos
serviste	servisteis
sirvió	sirvieron

dormir　　　o → u

dormí	dormimos
dormiste	dormisteis
durmió	durmieron

つづりに注意が必要な活用
→ p. 74

pedir　repetir　sentir
vestir

morir

不規則な動詞　規則活用とのアクセントの違いに注意

tener

tuve	tuvimos
tuviste	tuvisteis
tuvo	tuvieron

venir

vine	vinimos
viniste	vinisteis
vino	vinieron

decir

dije	dijimos
dijiste	dijisteis
dijo	dijeron

estar: estuve...　poder: pude...　querer: quise...
poner: puse...　saber: supe...　hacer: hice hiciste hizo...
つづりに注意

ser / ir

fui	fuimos
fuiste	fuisteis
fue	fueron

dar

di	dimos
diste	disteis
dio	dieron

用法　過去のある時点に起こった出来事または完結した出来事を表します。

Anoche nos visitó Aya.　　　Hubo dos exámenes ayer.

El año pasado fuimos a Salamanca a estudiar español.

Ellos vivieron en España tres años.

10   Ejercicios y actividades

1 動詞の原形を言い，主語を yo, tú, él, nosotros, vosotros, ellos から選びましょう.

Escribe la forma en infinitivo y elige el sujeto.

1) estudié	2) bebió	3) escribisteis
4) volvieron	5) saliste	6) dormimos
7) pudo	8) puso	9) hizo
10) vinisteis	11) dijiste	12) di

2 （　　）の動詞を主語に合わせて点過去に活用させ，全文を和訳しましょう.

Conjuga los verbos correctamente y traduce al japonés.

1) ¿Anoche (vosotros / ver   ) a María en la fiesta? –No, no la vimos.

2) Ayer (yo / perder   ) el último tren y (estar   )
toda la noche en un Karaoke.

3) Ellos (comprar   ) un coche hace dos años, pero lo van a vender.

4) El sábado pasado (nosotros / ir   ) al concierto de Silvio Rodríguez
y (sentarse   ) en la primera fila.

5) Hace cinco días (ella / saber   ) la noticia y me (llamar   )
para contármela.

3 次の文を読み，現在形で書かれた下線の動詞を点過去にしましょう.

Conjuga los verbos subrayados en el pretérito indefinido.

Yo 1) <u>me levanto</u> tarde. 2) <u>Leo</u> el periódico, 3) <u>miro</u> el correo electrónico y 4) <u>escribo</u> unos
mensajes. Por la tarde, 5) <u>vienen</u> mis abuelos y 6) <u>conversamos</u> mucho. Luego 7) <u>doy</u> una
vuelta por el barrio y 8) <u>compro</u> dos libros en una librería. Después de ver la televisión,
9) <u>me acuesto</u> temprano. 10) <u>Es</u> un día agradable

1)	2)	3)	4)	5)
6)	7)	8)	9)	10)

4 会話 次の人物が何年に生まれたか，たずねて答えましょう. Preguntaos siguiendo el ejemplo.

例）¿En qué año nació Gaudí? — Nació en 1852.

Gaudí (1852)   Goya (1746)   Cervantes (1547)   García Márquez (1928)

5 リスニング 音声を聞いて，聞いた数字に○をしましょう.

Escucha la audición y marca con un círculo el número correcto.

1) Ricardo nació en (1965　1955　1975).

2) Ayer vinieron (155　115　105) personas a aquel restaurante.

3) La semana pasada recibimos (2310　2710　2610) llamadas telefónicas.

4) El sábado pasado vendimos (100　101　200) billetes para el concierto.

5) El año pasado entraron (1567　4577　1556) nuevos estudiantes.

　llamadas telefónicas：通話　nuevos estudiantes：新入生

基本単語　世界　El mundo

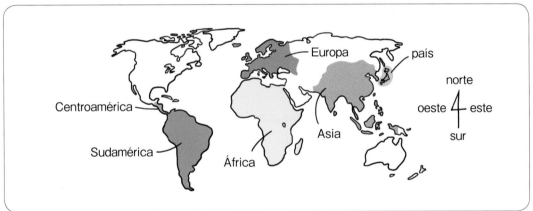

異文化リテラシー　サンタの来ないクリスマス

　スペインでも，12 月に入るとクリスマスのイルミネーションが街を彩りますが，クリスマスの祝い方は日本と違います．まず，家に飾るのはツリーではなく，イエスの生まれる場面を表したひとそろいの人形 belén です．カタルーニャ地方では，その中に大便をしている人形を置く習慣もあります．
　イブの夜にはミサがあり，25 日は祝日で，家族や親類一同が集まって特別なごちそうで祝います．

三博士のパレード

　待ち遠しいのは 1 月 6 日 Día de los Reyes です．東方の三博士 los Reyes Magos がイエスのもとに贈り物を持ってきたことにちなんで，サンタクロースではなく，三人の王様がよい子にプレゼントを届けてくれるからです．悪い子は炭しかもらえません．5 日の夜には，三博士の到来をかたどったパレードが繰り広げられ，子どもたちの楽しみとなっています．

ミニ読書案内　📖『フェデリコ・ガルシア・ロルカ　子どもの心をもった詩人』（イアン・ギブソン 文／平井うらら 訳／影書房）　📖『夢見る人』（パム・ムニョス・ライアン 作／ピーター・シス 絵／原田勝 訳／岩波書店）

ステップアップ文法 5

1 〈a+人〉と gustar 型動詞　〈a+persona〉y el verbo gustar

gustar 型動詞では，前に〈a+人〉を加えると，le, les がだれかをはっきりさせるほか，me, te, nos, os を強調することができます.

ラウラは	A Laura	le	interesa	el cine japonés.
私の両親は	A mis padres	les		

私	A mí　　アクセントがつく	me		
きみ	A ti	te		
彼…	A él, ella, usted	le		
私たち	A nosotros / nosotras	nos	interesa	el cine japonés.
君たち	A vosotros / vosotras	os		
彼ら…	A ellos, ellas, ustedes	les		
	私, きみ以外は, a の後は主語人称代名詞と同じ			

Miguel:　No me gustan mucho los perros grandes.　僕は大きな犬があまり好きじゃない.

Jaime:　　¿Ah, sí?　A mí me gustan mucho.　え, そうなの？僕は大好きだよ.

2 前置詞＋人称代名詞　Los pronombres personales con preposición

a だけではなく，con, de, en, para, por など，ほかの前置詞が人称代名詞をともなう場合も，人称代名詞は，上記の表の a につくのと同じ形になります.

Esta carta es para ti.　この手紙はきみ宛です.

¿Vienes conmigo?　私と一緒に来る？

con+mí → conmigo　con+ti → contigo

★ 好みをたずね合いましょう. Preguntaos siguiendo el ejemplo.

例）Me gusta viajar. ¿Y a ti? — A mí también. / A mí no.

　　No me gusta viajar. ¿Y a ti? — A mí tampoco. / A mí sí.

viajar　　　hacer fotos　hacer pasteles　　dibujar　　escuchar la radio

③ 不規則な比較の表現　Los comparativos irregulares

次の形容詞や副詞は，〈más＋形容詞〉を別の語で表します．

1) 形容詞　bueno よい　　malo 悪い　　mucho たくさんの　　poco 少しの

Este vino es **mejor** / **peor** que ese.　このワインはそれよりも（質が）いい / 悪い.

　　más bueno → mejor　más malo → peor

Él es el **mejor** jugador de este año.　彼は今年の最優秀選手だ.

　　más buen → mejor

Hoy en la calle hay **más** / **menos** tráfico que ayer.　今日は昨日より交通量が多い / 少ない.

　　más mucho → más　más poco → menos

2) 副詞　bien よく　　mal 悪く　　mucho おおいに　poco 少なく

Este equipo juega **mejor** / **peor** que aquel.　このチームはあのチームよりも上手く /

　　más bien → mejor　más mal → peor　　　下手にプレイする.

¿Cuál te gusta **más**, estar en casa o salir?　家にいるのと出かけるの，どっちが好き？

　　más mucho → más

Más vocabulario　En el aeropuerto

Más ejercicios

1 スペイン語にしましょう．¿Cómo se dice en español?

1) サッカーはスペインで一番人気のあるスポーツです．

2) ラテンアメリカでは野球とサッカーではどちらが人気がありますか？

3) 彼らは日本のまんが（el manga japonés）に大変関心があります．

4) ラウラ（Laura）は料理が大好きです．

5) 今日は昨日より暑い．

6) 兄は私よりスペイン語を上手に話します．

7) 先週の日曜日私はアヤと一緒に京都に行った．

8) 昨日私はその本を読んだ．

9) 私たちは昨年スペイン語を勉強し始めた．

10) 彼らは5か月前にメキシコから日本へ来ました．

2 トライ！5 映画館の公開作品情報を辞書を使って読み，質問に答えましょう．Lee la información sobre las películas que van a poner en los cines y contesta a las preguntas.

CINE UMEDA: Este viernes a las 20h se estrena la película ROMA.	**CINE NAMBA:** El próximo viernes a las 19h se estrena la película TODOS LO SABEN.
ROMA Es la historia de una familia mexicana de los años 70. La familia vive en Roma, una colonia en la Ciudad de México. La película describe la vida familiar a través de una sirvienta indígena. La representa Yalitza Aparicio.	**TODOS LO SABEN** Es una película de suspense escrita y dirigida por Asghar Farhadi. Laura, la protagonista que representa Penélope Cruz, vive en Buenos Aires. Un día vuelve a su ciudad natal, Torrelaguna, para asistir a la boda de su hermana. Y sucede un acontecimiento inesperado…

colonia: 地区，街区　Laura, la protagonista que representa Penélope Cruz: ペネロペ・クルスが演じる主人公のラウラは

1)『ローマ』の舞台はどこですか？

2)『ローマ』の主演を演じているのは誰ですか？

3)『誰もがそれを知っている』の監督は誰ですか？

4)『誰もがそれを知っている』の主人公は何のために郷里に戻りますか？

★モエがハイメを映画に誘っています．メールでのやり取りを辞書を使って読み，質問に答えましょう

Lee los mensajes de Moe y Jaime y contesta a las preguntas.

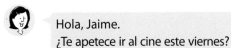

Hola, Jaime.
¿Te apetece ir al cine este viernes?

Genial. ¿Qué película quieres ver?

ROMA, pues ayer vi el anuncio y me parece muy interesante.

Muy bien, pues vamos. ¿Dónde la ponen?

En el Cine Umeda a las 20h.

Entonces quedamos antes, comemos algo y vamos.

Estupendo. Nos vemos el viernes a las siete en la entrada
principal de la librería de siempre en Umeda.

Vale. Perfecto. Nos vemos el viernes.

1) モエとハイメは何の映画を見ますか？

2) モエとハイメが見る映画は何時から上映されますか？

3) 二人は何時にどこで待ち合わせをしましたか？

3 リスニング アヤとフアンが週末にすることを話しています．音声を聞いて，好きなもの，好きではないものを書き出しましょう．Escucha la audición y completa el cuadro.

	Aya	Juan
Me gusta		
No me gusta		

フリーダ・カーロ美術館（メキシコ）

船遊びが有名なソチミルコ（メキシコ）

Cuando era niña...

過去時制 II　線過去 / 点過去と線過去の使い分け

56

═ Diálogo 11 ═

Jaime: ¿Naciste en Shizuoka, verdad?

Moe: Sí, nací allí pero **cuando tenía doce años me mudé a Tokio** por el trabajo de mi padre. ¿Y tú, Jaime?

Jaime: Nací en España, pero de pequeño vivía en Chile.

Moe: ¿Te acuerdas de tu vida en Chile?

Jaime: Sí, claro. Vivía en Santiago, la capital. Desde mi casa veía la cordillera de los Andes. Entonces **esquiaba en agosto** e iba a la playa en enero porque Santiago está en el hemisferio sur.

キーフレーズ１

Cuando tenía doce años, <u>me mudé a Tokio.</u>　12 歳のとき，東京へ引っ越したの.

★ 下線部を次の語句にかえ，何歳のときにしたかを言ってみましょう.

entrar en la
escuela primaria

empezar a estudiar inglés
empezar は→ p. 74

aprender a nadar

usar un móvil
por primera vez

キーフレーズ２

<u>**Esquiaba en agosto.**</u>　8 月はスキーをしていたよ.

★ 下線部をかえ，子どものころ夏休みにしていたことを言ってみましょう.

viajar con la familia

comer sandía

ir a la piscina

ir a ver los fuegos
artificiales

ir a la fiesta

11 | Gramática

1 過去時制Ⅱ 線過去 Pretérito imperfecto

hablar

hablaba	hablábamos
hablabas	hablabais
hablaba	hablaban

comer

comía	comíamos
comías	comíais
comía	comían

vivir

vivía	vivíamos
vivías	vivíais
vivía	vivían

-er 型，-ir 型は同じ活用

不規則活用　次の３つのみ

ir

iba	íbamos
ibas	ibais
iba	iban

ser

era	éramos
eras	erais
era	eran

ver

veía	veíamos
veías	veíais
veía	veían

用法　過去のある時点の状況，過去に繰り返しおこなっていたことを表します.

De niños mi hermano y yo jugábamos en este parque.

Antes las tiendas estaban cerradas los domingos.

Cuando llegó el avión eran las doce de la noche.

2 点過去と線過去の使い分け El pretérito indefinido e imperfecto

点過去は，終わったこと，すんだことを言い，線過去は，終わりを示さず，過去のある時点にしていたこと，その時の状況を言う，という違いがあります.

Cuando me **llamaste estudiaba** en la biblioteca.　昨日君が私に電話をくれたとき，私は図書館で勉強していた.

llamaste（点過去）は，したこと. estudiaba（線過去）は，していたこと.

Ayer **estudié** cinco horas en la biblioteca.　私は昨日図書館で５時間勉強した.

５時間という時間の幅があるが，昨日終わったことなので点過去.

No **salí** de casa, porque **estaba** resfriado.　風邪をひいていたので，家から出なかった.

salí（点過去）は「出なかった」という行為，estaba（線過去）は状況.

Fui a la librería pero **estaba** cerrada.　本屋に行ったが，閉まっていた.

Estuve en Cuba del año 2015 al 2017.　私は 2015 年から 2017 年までキューバにいた.

11　Ejercicios y actividades

1　（　　　　）の動詞を主語に合わせて線過去に活用させ，全文を和訳しましょう.

Conjuga los verbos en el pretérito imperfecto y traduce al japonés.

1) Antes mi padre (viajar 　　　　　　　) mucho.

2) Los primeros tres días de enero las tiendas (estar 　　　　　　　) cerradas.

3) Los domingos mi hermano y yo (visitar 　　　　　　　) a nuestros abuelos.

4) ¿(Vosotros / hacer 　　　　　　　) ejercicio todos los días?

5) Cuando éramos alumnos de la escuela secundaria, (tener 　　　　　　　) clases los sábados.

6) Cuando llegamos a la fiesta, (haber 　　　　　　　) mucha gente.

7) Cuando se mudó a Chile, Jaime (tener 　　　　　　　) tres años.

8) Aunque (nosotros / estar 　　　　　　　) cansados, fuimos a la fiesta.

9) Cuando bajé del tren, (llover 　　　　　　　) mucho.

10) Como (tener 　　　　　　　) dolor de cabeza, ayer ella no pudo ir a clase.

2　会話　子どものころにしていたことをたずね合い，絵を見ながら答えましょう.

Mirando el dibujo, hablad qué hacíais de niños / niñas.

例）¿Qué hacías de niño / niña? — Aprendía a tocar el piano.

aprender a tocar el piano　practicar karate　jugar fuera　　leer　　jugar a las casitas

3　全文を和訳して，（　　　　）に入るふさわしい動詞の形を選びましょう.

Traduce al japonés y elige los verbos adecuados.

Ayer (vino / venía) a Japón una amiga de mi madre. Ella es inglesa, pero habla muy bien español porque (estudió / estudiaba) en el curso de español en la Universidad Complutense. Ella y mi madre (se conocieron / se conocían) cuando (vivieron / vivían) en Madrid.

(Fuimos / Íbamos) a cenar en un restaurante de soba. Aunque para ella (fue / era) difícil usar los palillos, todos los platos (estuvieron / estaban) muy ricos y le (gustaron / gustaban) mucho.

🔊
58

4 リスニング 音声を聞いて，下線部を埋めましょう．Escucha la audición y completa los espacios.

El verano pasado _____ a las Cataratas de Iguazú ubicadas en el límite entre

Argentina y Brasil. _____ fantásticas. Después

de pasear _____ a un tren para llegar a la

Garganta del Diablo y _____ el salto con más

agua. Aunque allí nos mojamos no _____

problema porque _____ muy buen tiempo. Es

uno de los Patrimonios de la Humanidad por Unesco.

イグアスの滝
アルゼンチン観光公社提供
argentinatravel.com

ubicadas: 位置する　límite: 国境　Garganta del Diablo: 悪魔
の喉笛　el salto con más agua: 膨大な水の落下　aunque: 〜だ
けれども　mojarse: ぬれる　problema: 問題

🔊
59

基本単語　序数詞　El número ordinal

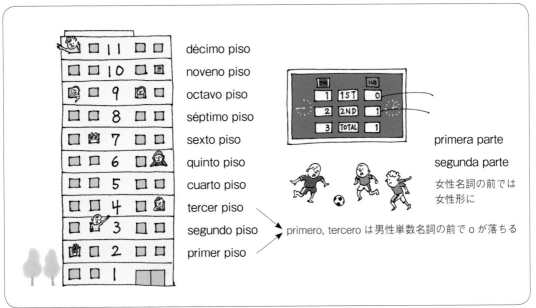

décimo piso
noveno piso
octavo piso
séptimo piso
sexto piso
quinto piso
cuarto piso
tercer piso
segundo piso
primer piso

primera parte
segunda parte
女性名詞の前では
女性形に

primero, tercero は男性単数名詞の前で o が落ちる

異文化リテラシー　**スペインの住所**

　スペインでは，住所は通りの名前と番地で示します．市街地ではすべての通りに名前がついていて，
Valencia 15 なら，バレンシア通りの 15 番地となります．ただ，14 番地のとなりに 15 番地がある
わけではないので注意が必要です．道の片側に奇数，反対側に偶数の番地がふられているからです．
　集合住宅の場合は，番地のあとに，何階の何号室という表示が続きます．たとえば，
Valencia 15, 3º 2ª は，バレンシア通り 15 番地の 3 階 2 号室の意味．Valencia quince, tercero,
segunda と読みます．ただし，スペインの tercer piso は，日本の 4 階になるので要注意．

ミニ読書案内　📖『グルブ消息不明』（エドゥアルド・メンドサ 著／柳原孝敦 訳／東宣出版）　📖『プラテー
ロとわたし』（フアン・ラモン・ヒメネス 著／長新太 絵／伊藤武好・百合子 訳／理論社）

69

¿Qué has hecho este fin de semana?

現在完了 / 過去分詞 / 現在分詞

60

Diálogo 12

Moe: Hola, Jaime. **¿Qué has hecho este fin de semana?**

Jaime: **He ido a Hiroshima** con mis compañeros de clase.

Moe: ¡Qué bien! ¿A dónde has ido?

Jaime: He ido al Museo de la Paz y Miyajima. **¿Alguna vez has estado en Miyajima?**

Moe: **No, yo nunca he estado allí.** ¿Has probado *okonomiyaki*?

Jaime: Sí. Por supuesto lo he comido. Me ha encantado.

キーフレーズ１

¿Qué has hecho <u>este fin de semana</u>?　今週末何した？

★ 下線部を下記の時を表す語句にかえ，言ってみましょう.

　hoy　　esta semana　　este mes　　este semestre　　este año

キーフレーズ２　（キーフレーズ１に答えて）

He <u>ido a Hiroshima</u>.　広島に行った.

★ キーフレーズ１の質問をし，下線部を下記の絵のできごとにかえて答えましょう.

estudiar español　　　trabajar　　　descansar　　　ver una película　salir con mi novio/novia

キーフレーズ３

¿Alguna vez has estado en <u>Miyajima</u>?　かつて宮島に行ったことがある？

No, yo nunca he estado allí.　ううん. 一度も行ったことがない.

★ 下線部を好きな地名にかえてやりとりしましょう.「はい」のときは，次のように答えます.

　Sí, he estado <u>una vez</u> [dos veces / algunas veces / muchas veces] allí.

　　　　一度　　　二度　　　　　何度か　　　　　何度も

12　Gramática

61

1　現在完了　Pretérito perfecto

〈haber＋過去分詞〉

he comido	hemos comido
has comido	habéis comido
ha comido	han comido

用法１　完了や経験を表します．　もう〜した / まだ〜していない，〜したことがある

¿Ya habéis hecho la maleta? — Sí, ya la hemos hecho. / No, todavía no la hemos hecho.

Ella ha estado en Ecuador.　　¿Alguna vez has esquiado?

用法２　現在を含む時間の範囲にしたことを表します．

Este verano hemos ido a Hokkaido.　Hoy me he levantado temprano.

2　過去分詞　Participio pasado

-ar 型	-ar → -ado	hablar → hablado	
-er 型，-ir 型	-er, -ir → -ido	comer → comido	vivir → vivido

creer → creído　　　leer → leído　　　　oír → oído　アクセントが必要になるので注意

不規則な過去分詞	abrir → abierto	decir → dicho	escribir → escrito
hacer → hecho	poner → puesto	ver → visto	volver → vuelto

3　現在分詞　Gerundio

-ar 型	-ar → -ando	estudiar → estudiando	
-er 型，-ir 型	-er, -ir → -iendo	hacer → haciendo	escribir → escribiendo

leer → leyendo　　ir → yendo　　oír → oyendo　つづりに注意

不規則な現在分詞　e が i に，o が u になる
pedir → pidiendo　　　decir → diciendo　　　dormir → durmiendo

用法　〈estar + 現在分詞〉「〜しているところだ」，〈seguir + 現在分詞〉「〜し続けている」など
の表現で用います．

（電話で）Hola. ¿Qué estás haciendo? — Estoy trabajando.

El número de turistas extranjeros sigue aumentando.　外国人観光客が増え続けている．

　　seguir は e → i 型の語幹母音変化動詞．sigo, sigues, sigue, seguimos, seguís, siguen

71

12 | Ejercicios y actividades

1 動詞を過去分詞にしましょう. Escribe el participio pasado.

1) cerrar (　　　　　) 　 2) tener (　　　　　) 　 3) venir (　　　　　)

4) pedir (　　　　　) 　 5) querer (　　　　　) 　 6) poner (　　　　　)

7) ver (　　　　　) 　 8) volver (　　　　　) 　 9) decir (　　　　　)

2 (　　　)の動詞を主語に合わせて現在完了形に活用させ, 全文を和訳しましょう.

Conjuga los verbos en pretérito perfecto y traduce al japonés.

1) Esta mañana (yo / desayunar 　　　　　　　　)mucho.

2) José, ¿(apagar 　　　　　　　) la luz? — No, todavía no.

3) ¿Alguna vez (vosotros / comer 　　　　　　　) tacos?

4) ¿Ya (tú / escribir 　　　　　　　) la carta a Jaime? — Sí, ya se la he mandado.

5) ¿Cómo (ser 　　　　　　　) las vacaciones? — Fantásticas.

3 (　　　)の動詞を現在分詞にし, 全文を和訳しましょう.

Escribe el gerundio y traduce al japonés

1) ¿Qué estás (leer 　　　　　)? 　 2) ¿Qué estáis (hacer 　　　　　)?

3) Está (llover 　　　　　). 　 4) ¿Sigues (buscar 　　　　　) la llave?

4 会話 現在完了形〈haber＋過去分詞〉で, やったかどうかをたずね合いましょう.

Preguntaos usando el pretérito perfecto.

例）¿Ya has comido? — Sí, ya he comido. / No, todavía no he comido.

comer 　　 comprar el billete 　 recibir el regalo 　 mandar un mensaje 　 entregar el trabajo
a Carlos 　　　　 al profesor

5 会話 絵の人物が何をしているか, 進行形〈estar＋現在分詞〉でたずね, 答えましょう. Preguntaos
siguiendo el ejemplo.

例）¿Qué está haciendo ella? — Está hablando por teléfono.

hablar por teléfono 　 conducir 　　 jugar al fútbol 　　 buscar sus gafas 　　 leer el periódico

6 [リスニング] 音声を聞いて，語をつなぎましょう．Escucha la audición y relaciona las columnas.

A	B	C	D
Jazmín	ha visitado	una vez	paella.
Jorge	ha comido	dos veces	tequila.
Juana	ha bebido	muchas veces	el Museo del Prado.
Javier	ha leído	pocas veces	tango.
Josefina	no ha bailado	nunca	manga.

基本単語　旅行　El viaje

maleta　　billete　　pasaporte　　tarjeta de crédito　　medicamento

cepillo de dientes　　toalla　　pantuflas　　cámara　　guía

[異文化リテラシー]　理由が大切

　遅刻したとき，何と言って教室に入りますか？「遅刻してすみません」と謝罪しても，理由まで述べる人はあまりいないのでは？　ところがスペイン人の先生は，「どうして日本の学生は遅刻してきて何も言わないの？」と不思議に思うようです．スペインでは，一般に，遅刻をしたことをあやまるよりも，その理由を説明することの方が大切なのです．

　断りをいれるときも同様です．日本人は「ちょっと用事があって」のように曖昧に言うことがよくありますが，スペイン人は一般に理由をはっきり述べたがります．

　言語が異なれば，その表現の仕方も異なります．スペイン語圏の映画を見たとき，人々の日常のやりとりがどこか違うと感じたことはありませんか？　そういう気づきを，スペイン語のコミュニケーションに生かしていきましょう．

バスク語の表記もあるサン・セバスティアン(スペイン)

ミニ読書案内　　『E メールのスペイン語』（四宮瑞江他　著／白水社）

ステップアップ文法6

1　点過去　規則活用だがつづりに注意する動詞　Los verbos que exigen atención en la ortografía

活用させるとき，音がかわらないようにつづりをかえたり，アクセントの位置を維持するためアクセント符号をつけたり，取ったりする必要のある動詞があります.

buscar

bus**qué**	buscamos
buscaste	buscasteis
buscó	buscaron

llegar

lle**gué**	llegamos
llegaste	llegasteis
llegó	llegaron

empezar

empe**cé**	empezamos
empezaste	empezasteis
empezó	empezaron

explicar　practicar

pagar　jugar

comenzar

ver

v**i**	vimos
viste	visteis
vi**o**	vieron

leer

leí	leímos
leíste	leísteis
leyó	leyeron

reír

reí	reímos
reíste	reísteis
rio	**rieron**

creer　oír

★ 音声を聞いて，下線部を埋めましょう. Escucha la audición y completa los espacios en blanco.

1) ¿A qué hora llegaste a casa anoche? — _____ a casa a las once más o menos.

2) ¿Me _____ ? — Sí, te oigo.

3) ¿Viste a Jaime en la fiesta? — No, no lo _____.

4) ¿Sacaste al perro ayer? — Sí, claro, lo _____ después de la cena.

5) ¿Qué estás _____ ? — Estoy _____ *El laberinto de la soledad* de Octavio Paz. ¿Lo has _____ ? Es muy interesante. Te lo recomiendo.

★ 綴りに注意する音と文字列の表を完成させましょう. Completa la tabla.

	a	i	u	e	o
[k]	ca	_____	cu	_____	co
[θ]	za	ci　zi	zu	_____ ze	zo
[g]	ga	_____	gu	_____	go
[gw]	gua	güi		güe	guo
[x]	ja	gi　ji	ju	ge　je	jo

注　[θ] は [s] で発音される地域もある

74

② 点過去と現在完了の使い分け　El pretérito indefinido y perfecto.

次の文を比べてみましょう.

Moe **se levantó** a las seis ayer.

モエは昨日 6 時に起きた

Jaime **viajó** por Hokkaido en agosto.

ハイメは 8 月に北海道を旅行した

Moe **se ha levantado** a las seis hoy.

モエは今日 6 時に起きた

Jaime **ha viajado** por Hokkaido este agosto.

ハイメは今年の 8 月に北海道を旅行した

「起きた」「旅行した」の意味は同じですが，スペイン語では，時間を表す副詞が「過去」なら点過去，「現在を含む時間の範囲」なら現在完了で動詞を活用します.「先月」「昨年」の「先」「昨」の意味になる pasado, pasada がつくと点過去,「今週」の「今」の意味になる este, esta がつくと現在完了とおぼえておきましょう.

★ 質問に答えましょう.　Contesta a las preguntas.

1) ¿A qué hora te acostaste anoche?

2) ¿Pudiste dormir bien?

3) ¿A qué hora te has levantado esta mañana?

4) ¿Has desayunado?

Más vocabulario　Las tecnologías de la información y la comunicación

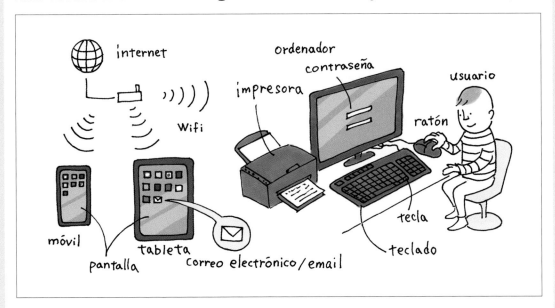

Más ejercicios

1 スペイン語にしましょう. ¿Cómo se dice en español?

1) 部長（El director）は以前たばこを吸っていた（fumar）.

2) （あなた方に対して）昨日はよく眠れましたか？

3) 私たちは子どものころ，よくサッカーをしていた.

4) 子どものころ，両親が私を甲子園に連れていってくれた（llevar）.

5) 昨夜は暑くて目が覚めた（despertarse）.

6) マリア（María）は 20 歳の時ファン（Juan）と結婚した（casarse）.

7) 私たちはスペイン映画（películas españolas）を見たことがありません.

8) パウラ先生，今週末何をしましたか？

9) ハイメ，昨日ウェルカムパーティー（la fiesta de bienvenida）に行った？

10) 雨が降り続いている（seguir＋現在分詞）.

2 トライ！6　　ホセは夏季休暇を利用してペルーを旅行しています. ホセがクスコから友人のマリアに送った絵葉書を辞書を使って読み，質問に答えましょう. Lee y contesta a las preguntas.

---

① **Hola, María:** 相手の名前　　Querida María: でもよい. 男性なら Querido…

② **¿Cómo estás?**　挨拶

③ Anteayer llegué a Cusco y ayer participé en la fiesta de Inti Raymi. Fue muy bonita.
Inti Raymi significa "la fiesta del sol".
Por eso el día 24 de junio, vienen a esta ciudad muchos turistas, para ver los bailes y escuchar la música. Ahora aquí es invierno. Esta fiesta anuncia el comienzo de una nueva estación del año.
Hasta pronto.

④ **Un beso,**　結びの言葉

⑤ **José**　自分の名前は最後

切手

⑥
María Luisa García Sánchez
Paseo de la Castellana 130 4° B
28003 Madrid

España

　宛名は名前，住所，国名の順

Por Avión

---

② ¿Qué tal? / ¿Cómo va todo? などの表現もあります.

④ Un abrazo, / Muchos saludos, などの表現もあります.

　1) ホセがクスコに着いたのはいつですか？

　2) インティライミのお祭りはいつどこでありますか？

　3) 何を祝う祭りですか？

★ 旅先にいるつもりになって，友だちにスペイン語で絵葉書を書いてみましょう． Escribe una tarjeta en español a un/una amigo/ga tuyo/ya desde algún lugar de viaje

① _____ :
② _____
③
④ _____ ,
⑤ _____

⑥

切手

Por Avión

 3 リスニング ルイスとラケルが話しています．音声を聞いて，よい思い出と悪い思い出の表を完成させましょう．
66   Escucha la audición entre Luis y Raquel luego completa el cuadro.

	Buenos recuerdos	Malos recuerdos
Luis		Las matemáticas
Juan	Las matemáticas	
Raquel	La historia	

matemáticas: 数学 historia: 歴史

写真提供: PROMPERU ペルー政府観光庁

インカの石積みが残るクスコ（ペルー）

宇野　和美（うの　かずみ）

平井　素子（ひらい　もとこ）

Paula Letelier（パウラ　レテリエル）

© イデアル〈改訂新版〉

IDEAL — edición renovada —

2016 年 2 月 1 日　初版発行　　**定価 本体 2,500 円**（税別）
2020 年 2 月 1 日　改訂新版初版発行
2022 年 2 月 1 日　改訂新版再版発行

著　者　　宇　野　和　美
　　　　　平　井　素　子
　　　　　Paula Letelier
発 行 者　近　藤　孝　夫
印 刷 所　研究社印刷株式会社

発 行 所　株式会社　同　学　社
〒 112-0005　東 京 都 文 京 区 水 道 1-10-7
電話 (03) 3816-7011（代表）　振替 00150-7-166920

ISBN 978-4-8102-0439-1　　　　　Printed in Japan
（有）井上製本所

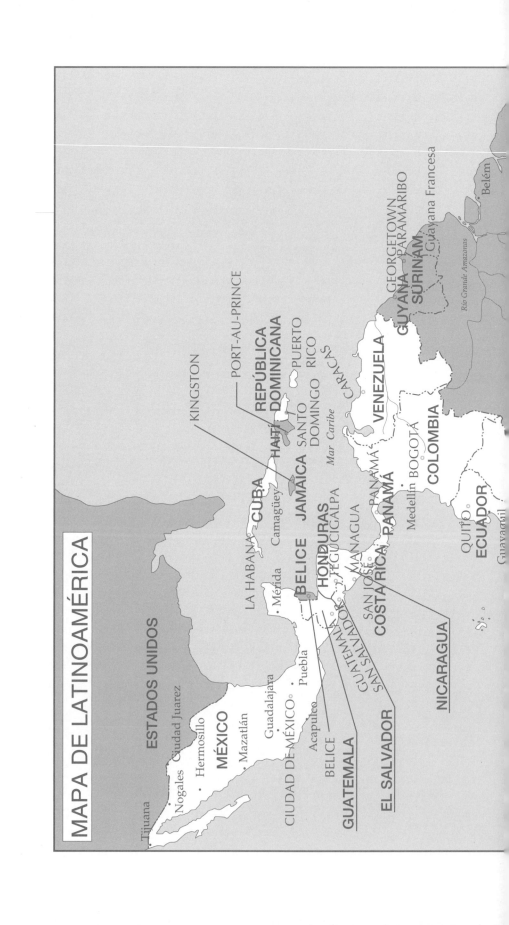

MAPA DE LATINOAMÉRICA

ESTADOS UNIDOS

Tijuana

Nogales · Ciudad Juarez

· Hermosillo

MÉXICO

· Mazatlán

Guadalajara

CIUDAD DE MÉXICO ·   Puebla

Acapulco

BELICE

GUATEMALA

EL SALVADOR

LA HABANA

· Mérida

CUBA

Camagüey

BELICE   JAMAICA

GUATEMALA

SAN SALVADOR

HONDURAS

TEGUCIGALPA

MANAGUA

NICARAGUA

SAN JOSÉ ·

COSTA RICA   PANAMÁ

PANAMÁ

KINGSTON

PORT-AU-PRINCE

HAITÍ   REPÚBLICA
         DOMINICANA

SANTO
DOMINGO RICO

PUERTO

Mar Caribe

CARACAS

PANAMÁ

Medellín · BOGOTÁ

COLOMBIA

QUITO ·

ECUADOR

Guayaquil

VENEZUELA

GEORGETOWN

GUYANA   PARAMARIBO

SURINAM

Guayana Francesa

Río Grande Amazonas

Belém